Oráculo Pérolas

Kuan Yin

Oráculo Pérolas

Kuan Yin

Márcos Latàre e Valdiviáh Lâtare

© Publicado em 2020 pela Editora Alfabeto

Supervisão geral: Edmilson Duran
Preparação de textos: Luciana Papale
Revisão: Luciana Papale e Renan Papale
Ilustrações: Osvaldo R Feres
Diagramação: Décio Lopes

DADOS INTERNACIONAIS DE CATALOGAÇÃO NA PUBLICAÇÃO

Latàre, Márcos e Lâtare, Valdiviáh

Oráculo Pérolas Kuan Yin / Márcos Latàre e Valdiviáh Lâtare | 2ª edição
Editora Alfabeto | São Paulo | 2023.

ISBN: 978-65-87905-01-3

1. Oráculo 2. Esoterismo I. Título

Todos os direitos reservados, proibida a reprodução total ou parcial por qualquer meio, inclusive internet, sem a expressa autorização por escrito da Editora, que também se estende a utilização das 36 imagens das Pérolas/lâminas contidas neste livro, reservados aos autores.

A violação dos direitos autorais é crime estabelecido na Lei n. 9.610/98 e punido pelo artigo 184 do Código Penal.

EDITORA ALFABETO
Rua Protocolo, 394 | CEP 04254-030 | São Paulo/SP
Tel: (11)2351.4168 | E-mail: editorial@editoraalfabeto.com.br
Loja Virtual: www.editoraalfabeto.com.br

Sumário

Prólogo 7

Introdução 9

Explicando as 33 manifestações ou visões 13

A Grande Fraternidade Branca e Kuan Yin 19

As manifestações básicas de Kuan Shi Yin 25

O processo da leitura do oráculo 159

Procedimentos preparatórios 163

Métodos de leitura 169

Introdução às leituras 171

Método das Três Pérolas 172

Método das Cinco Pérolas em Cruz 173

Método das Nove Pérolas 174

Método Leitura do Lótus 175

Método das Três Colunas 178

Método da Árvore da Vida
e os 32 Caminhos 180

1º Método: Abertura em leque com as 36 lâminas 183

2º Método: Estrela de David 184

3º Método: Pentáculo (estrela de 5 pontas) 185

Mensagem final de Kuan Yin 187

Referências bibliográficas 189

Prólogo

Ao despertar de um novo dia, um novo tempo. Iniciamos agora passos pelos caminhos da compassividade, compreendendo que, sem entender, ainda que basicamente os preceitos necessários ao desenvolvimento pleno do coração para expandir sua Luz imorredoura, não podemos seguir o caminho progressivo que nos leva ao encontro da nossa essência verdadeira; elevar-se do fundo das ilusões para penetrar no mundo da realidade infinita e ilimitada, onde tudo apenas é em essência a plenitude no seu contexto maior.

Neste trabalho, que a bem da verdade, trata-se do *Oráculo Pérolas Kuan Yin*[1], vamos aprofundar não só apenas o conhecimento necessário para o entendimento da existência eterna, mas também buscar, passo a passo, ingressar nos exercícios que o compõe. Uma medida profilática a desencadear a elevação da consciência, tanto pela meditação como pela prática dos mantras e, principalmente, pelas orientações que são transmitidas à medida que as litografias, tidas aqui como "Pérolas", vão se expressando.

Agrega-se, também, algo que é de certa forma comum na China atual, e já era no passado longínquo, cuja memória se perde nos recônditos da história humana, ou seja, explicações sobre cada uma das manifestações da Divina Senhora.

Este Oráculo, então, visa propiciar o despertamento maior, as respostas perseguidas pelo ser humano, trazendo, por meio do desenrolar de sua leitura, a assimilação no coração, na mente e na alma, da Luz necessária que se revela no brilho da pureza das altas esferas celestiais. As trinta e três manifestações básicas e as

---

1. Oráculo com base nos Ensinamentos da Cultura Chinesa.

três especiais da Amada Kuan Yin são estudadas uma a uma, mostrando que, a cada momento da vida em que ocorrerem dúvidas, medos, perda do senso de direção, angústias, tristezas e todos as emoções deste sentido, bem como se houver decisões simples ou das mais importantes a serem tomadas, as litografias poderão ser consultadas. Em vossas mãos são colocadas ferramentas indispensáveis para que se tenha uma existência terrena cheia de Paz, Amor Divino, Saúde, Vida Longa, Abundância, Prosperidade Infinita e toda sorte de benesses a que somos merecedores.

Este é o desejo desta Bodhisattva, que todos possam se regozijar ao viajarem nos campos espirituais e ao recorrerem a sua intercessão, e que, ao encontrá-la onde for possível, reconheçam-se como Seres Divinos de Luz e possam trabalhar em prol de si mesmos e de um bem maior.

Introdução

São muitas as formas que os chineses usam para consultar um Oráculo, mas a maioria delas tem sua origem no I Ching, tomando, com o passar do tempo, diferentes configurações segundo a necessidade dos consulentes. Alguns métodos foram ficando sofisticados no decorrer dos anos, porém converteram-se em práticas muito complicadas, como a chamada Wen Wan Gua, por exemplo. Já outros tenderam a buscar a simplicidade, como o Oráculo de Kuan Yin, o Kuan Kung, o Oráculo de Lu Zu e outras formas oraculares que são consultadas nos Templos Chineses, principalmente durante as festividades do Ano Novo lunar.

O mais popular na província de Fujian, oriundo da escola de Feng Shui da Bruxa e igual ao Oráculo de Kuan Kung e outros similares, contém, além das 100 respostas tradicionais, 12 palácios correspondentes às 12 Ramas Terrestres (que tem ligação com a acupuntura) por meio dos quais se pode obter maior informação em algumas das consultas lá realizadas. No caso do Oráculo chinês de Kuan Yin, que consta de 100 Qian ou "selos" que dão as respostas do Oráculo, eles às vezes chamam de Gua ou Kua.

Se buscarmos ainda a tradição religiosa popular na China, poderemos encontrar inúmeros outros tipos de oráculos, inclusive um que se tem para consulta no 26º dia do primeiro mês lunar chinês (que difere do calendário gregoriano), o dia em que Kuan Yin abre o Repositório, que é um receptáculo ou vaso para recepção de donativos. A prática requer fazer uma doação para a Deusa (uma espécie de empréstimo simbólico) e pegar um papel vermelho no qual está escrito o valor doado (geralmente um grande número). Quanto maior o empréstimo, maior o lucro que se acredita obter durante o ano. Queimar incenso e doar alimentos são outros rituais realizados, típicos do povo chinês, fazendo parte de sua cultura. A crença mais presente diz que orando com sinceridade Kuan Yin irá outorgar riquezas de acordo com o carma e necessidades individuais. Diz também que a "riqueza" dada por Kuan Yin não é, necessariamente, na forma de dinheiro, podendo ser saúde, alegria e segurança também. Porém, a motivação da maioria das pessoas que buscam participar do ritual é o dinheiro, independentemente disto, Ela é uma Divina Curadora.

Originalmente, Kuan Yin, por ter sido uma divindade budista (no Budismo, Mahayana é considerada um Buda plenamente iluminado que se manifesta como um grande Bodhisattva), tornou-se uma figura muito amada, repleta de muita compaixão e salvação, fato alicerçado e solidificado na mente chinesa, razão pela qual ela é o tema principal de muitos povos, contos e lendas daquela cultura.

Kuan Yin não é apenas um grande Bodhisattva da tradição budista, mas também uma "Deusa" popular no taoísmo e no folclore popular, até mesmo nas próprias tradições religiosas. A popularidade de Kuan Yin é refletida no ditado chinês tradicional: "Amitabha é venerada em cada família; Guanshiyin (Guanyin, Kwan Yin ou Kuan Yin) é venerada em todos os lares[2]".

Consultar o oráculo é como ter uma conversa mais próxima com a Bodhisattva, contar-lhe acerca de suas preocupações e pedir uma orientação para as circunstâncias do que está passando, ao mesmo tempo em que recebe ajuda para ultrapassar alguns momentos difíceis. Kuan Yin, a Bodhisattva da Compaixão, tem grande quantidade de devotos devido a sua qualidade compassiva. Aqueles que dela se acercam não temem se equivocar em momento algum dos ritos, já que a crença imediata é que a Bodhisattva não castiga, mas sempre ajuda, sob o lema: "se tens um pedido necessariamente ela atenderá".

---

2. *No Coração de Kuan Yin: onde nasce a compaixão*, de Márcos Latàre e Valdiviáh Lâtare. Editora Alfabeto, 4ª edição, 2021.

Oráculos, portanto, são assim consultados em muitos templos do sul da China e na China Central, sobretudo nas províncias de Fujian, Guangdong, Zhejiang e Shichuan. Aos devotos sempre atrai a claridade e a sensitividade das respostas, assim como a ajuda que se recebe quando se pede com devoção. O mais importante é ter uma intenção correta e pedir sempre para um propósito positivo, dentro da Lei Maior do Amor.

O *Oráculo Pérolas Kuan Yin*, que agora lhes apresentamos pode ser visto de várias maneiras, sendo uma prática fascinante que atrairá cada vez mais pessoas para criar uma conexão mais próxima e pessoal com Ela, a Deusa. Um oráculo que, além de muito interessante, é extremamente poderoso. Mesmo em um mundo onde prevalece a tecnologia e a modernidade, pode-se consultar o oráculo, pois em nossas vidas muitos eventos são incertos, não temos tanto controle sobre as coisas como gostaríamos. É certo que, às vezes, acabamos nos deparando com situações que parecem não ter solução ou momentos em que precisamos saber se devemos ou não prosseguir em um dos projetos que decidimos realizar. Muitas vezes é difícil tomar a decisão certa. Eis uma das principais razões que nos motiva a buscar o auxílio Dela.

A abertura deste oráculo para leitura pode se iniciar utilizando incensos, velas e estátuas para representar a Deusa. Em casos específicos são realizados pedidos sinceros, como a riqueza, que é necessária, de acordo com o carma individual. Mas atenção, o pedido não pode ser motivado por ganância, não devendo ser também irrealista no que se pede.

Se Ela, na verdade, conceder-lhe um favor, este sempre é realizado por Divina e plena assistência compassiva, nunca de forma aleatória ou indiscriminada. Se o dinheiro vai fazer mais mal do que bem, certamente ele não virá de forma rápida. Aqueles que são viciados em jogos, vigaristas e pessoas gananciosas devem esquecê-la.

Quando se encerra a leitura, pode-se orientar que a pessoa faça seus pedidos a partir de formas relacionadas ao bem-estar auspicioso, como alimentos abençoados, por exemplo, que têm amplo significado. Embrulhar moedas em papel vermelho, com um grande valor escrito em sua parte externa (três milhões de reais, por exemplo, ou o valor que melhor lhe aprouver), pode simbolizar uma grande abundância e muita riqueza, não limitada apenas a dinheiro. Outros tipos de presentes que façam lembrar sorte também podem ser utilizados.

Uma orientação que pode também ser transmitida para a pessoa que está se consultando é que ela faça mantras específicos por um determinado período de tempo (21 dias seguidos, por exemplo, ou 33 dias), de acordo com o que ocorreu durante a leitura, em face das perguntas e respostas obtidas e tudo mais que a intuição do leitor ou oraculista permitir revelar.

O *Oráculo Pérolas Kuan Yin* é constituido de 36 Pérolas, sendo que 33 delas são as manifestações da Senhora da Compaixão mais conhecidas, embora não existam somente estas, e com a descrição, uma por uma, assentamos sua simbologia e interpretação a ser dada à resposta perseguida. As últimas três pérolas serão referentes aos aspectos relativos ao passado, presente e futuro.

Explicando as 33 manifestações ou visões

Kuan Shi Yin

Não existe uma estrada no Céu...
Cada um precisa encontrar a senda interior. Todas as coisas acabam, mas os Budas, as Bodhisattva, Avalokiteshvara, existem por toda a Eternidade.

Gautama Buda, o Dhammapada.

No livro, *No Coração de Kuan Yin, onde nasce a Compaixão*, foi abordado, minuciosamente, a importância desta Bodhisattva, falando sobre as lendas, suas virtudes, mantras de conexão e muito mais.

O tema deste oráculo nos faz lembrar que Ela é quem observa, ouve os sons do mundo, significando que além de ser Soberana Observadora (Kuan-tzu-tsai), Ela atende a quem a procura e aos que têm dores, sofrimentos, dúvidas, questionamentos humanos, desesperos, medos e todos os acontecimentos que provocam sofrimento. Por ter renunciado ao nirvana para salvar os seres sencientes, Kuan Yin está muito próxima de nós, assim como, aqui no Ocidente, está a Mãe Maria.

Muitos templos e mosteiros são dedicados a Kuan Yin em todo o país. Conhecida como o Bodhisattva da Compaixão Infinita, a Deusa tem um número incontável de seguidores que apelaram a Ela para salvação e intervenção. Kuan Yin se tornou, assim, um dos Bodhisattvas mais conhecidos na seita Mahayana (popular) do budismo.

No ano de 286, após a primeira tradução do *Sutra do Lótus* para o chinês, que contém um capítulo dedicado a Kuan Yin concluído pelo tradutor Dharmaraksa[3], a introdução dessa divindade se concretizou na China. Nos 1700 anos seguintes, monges eruditos traduziram mais de oitenta escrituras associadas à Kuan Yin. Para propagar ainda mais a crença nessa divindade na China, escrituras não ortodoxas, baseadas em cânones budistas (sutras) foram escritas, inúmeras coleções de contos milagrosos foram compiladas e muitas histórias e lendas foram espalhadas.

Por meio de um lento e constante processo de significação, a forma masculina de Kuan Yin, como originalmente vista na arte indiana, deu lugar à imagem feminina de compaixão materna. Popularmente conhecida como a Deusa da Misericórdia, Kuan Yin evoluiu de origens estrangeiras para se tornar parte integrante da cultura chinesa e para todo Planeta.

Na China, a crença em Kuan Yin é variada e complexa. No geral, três tipos podem ser observados; o tipo exotérico (geral), o esotérico (secreto) e o significado (chinês) de Kuan Yin. As imagens associadas a esses tipos também diferem de acordo.

O tipo exotérico da Deusa é baseado nos sutras gerais do budismo Mahayana, como o capítulo Kuan Yin do *Sutra do Lótus*, *Avatamsaka Sutra*[4] e *Sukhavativyuha Sutra*[5]. Essa Kuan Yin tem

---

3. Um dos primeiros tradutores dos *Sutras Mahayana* para o chinês, dos vários que tiveram efeitos profundos no budismo do Leste Asiático.

4. Também conhecido *como Mahavaipulya Buddhavatamsaka Sutra,* considerado um dos mais influentes sutras do budismo do Leste Asiático. Descreve um cosmos de reinos infinitos sobre reinos, os quais mutuamente se contém. Em inglês seu título é *Flower Garland Sutra* ou *Sutra da Guirlanda de Flores*.

5. O sutra mais curto de outros sutras da Terra Pura. Foi traduzido do sânscrito para o chinês pelo Mestre Kumarajiva. A maior parte deste sutra consiste num discurso de Gautama Buda feito no Monastério de Jetavana, na cidade de Shravasti, ao seu discípulo Saripura, acerca dos maravilhosos adornos que aguardam os justos na terra pura ocidental de Sukhavati, bem como os seres que lá residem, incluindo o Buda Amitabha.

Explicando as 33 manifestações ou visões

uma única cabeça e dois braços, usa uma coroa adornada com um Buda e geralmente segura objetos como uma flor de lótus, um galho de salgueiro, um vaso de água, contas de rosário ou um copo de água. Exemplos desta exposição incluem uma Kuan Yin atribuída a um artista Sung e outra atribuída a Ch'iu Ying.

O tipo esotérico de Kuan Yin é baseado em cânones budistas esotéricos como *Sutra de Kuan Yin de onze cabeças, Sutra de Kuan Yin de mil braços de grande compaixão* e o *Sutra de Cundi*[6]. Essa Kuan Yin ou tem uma cabeça e muitas mãos ou muitas cabeças e muitas mãos, que são frequentemente mostradas segurando objetos rituais de vários tipos para aliviar o sofrimento e proporcionar a salvação. Exemplos incluem *Kuan Yin da Grande Compaixão*, atribuída a Fan Ch'iung e por um artista Ming.

A forma significada chinesa de Kuan Yin é baseada em textos chineses, contos de milagres, Pao-chuan (literatura folclórica "pergaminhos preciosos") e histórias e lendas nativas. A imagem dessa forma da Deusa foi fortemente influenciada pela ficção popular e inclui variedades como o "Kuan Yin de túnica branca", "as crianças dadoras de Kuan Yin", "a Kuan Yin da cesta de peixes" e "a Kuan Yin do mar do sul". Além disso, na dinastia Ming (1368-1644), acreditava-se popularmente que Ela, de acordo com as descrições do *Surangama Sutra* e o capítulo "Kuan Yin" do *Sutra do Lótus*, poderia transformar a vontade e aparecer em mais de trinta formas humanas para expor a fé budista.

Na época, foram coletadas compilações históricas de 32 e 33 formas de imagens dessa Deusa para criar, então, as iconografias das manifestações espirituais de Kuan Yin. A maioria dessas imagens não é encontrada nos sutras ortodoxos e, portanto, refletem uma das expressões mais concretas da significação de Kuan Yin.

---

6. Cundi é uma Bodhisattva, uma encarnação de Cundi Dharani. Aparece com 18 braços e uma flor de lótus, sendo, às vezes, chamada de "Deusa dos 70 milhões" (Budas). Na China é conhecida como Zhunti Pu'sá ou Zunti Fomu.

Tais imagens se encontram no Museu Chinês e inclui uma exibição de pinturas de Kuan Shi Yin e exemplos das escrituras aqui referidas, que guardam sincronia com a Deusa, além de revelar a riqueza desta crença.

Portanto, são elas as transformações da Senhora da Compaixão Kuan Shi Yin, também conhecida como Kuan Yin, reverenciada por milhões de chineses em todo o mundo. Ela é a mais popular entre o panteão das divindades chinesas e é a manifestação feminina do Buda da Compaixão[7].

No capítulo 25 do *Sutra do Lótus* vamos encontrar a descrição de como a Avalokiteshvara Kuan Yin aparece nas 33 formas e de acordo com o tipo de ser senciente que precisa ser salvo.

O número 33 passou a ser associado ao culto chinês e japonês. Um culto popular usando uma lista diferente de 33 manifestações do *Sutra do Lótus* foi estabelecido por volta do século 7 d.C. na China.

Para algumas pessoas, as condições humanas são de sofrimento, dor, confusão e vazio espiritual. A sabedoria intemporal da Deusa da Misericórdia vai trazer para cada um o caminho espiritual para alegria, paz e iluminação. O oráculo desta Deusa vai consolar a cada um com esperança e autoconfiança e inspirar o adentramento profundo em si mesmo, para alcançar seus sonhos mais íntimos e os seus desejos de Luz.

Ao buscar o oráculo para pedir ajuda, cada um deverá deixar de lado todas as tentativas de raciocinar ou racionalizar o seu caminho com base em uma situação determinada que é a razão de sua busca. Em vez disso, cada um deverá permitir que o fluxo da Natureza Divina fale pelas Pérolas. Cada resposta será obtida à medida que o oráculo for se desenrolando na esfera de sua força de vontade e de acordo com a Divindade, independentemente do desejo individual que você espera obter, sem que isso represente

---

7. *No Coração de Kuan Yin: onde nasce a compaixão*, de Márcos Latàre e Valdiviáh Lâtare. Editora Alfabeto, 4ª edição, 2021.

Explicando as 33 manifestações ou visões

sua visão em mudar o curso do passado, presente e futuro, alterando o que você fez e até certo ponto aquilo que você é.

Este oráculo é apenas um entre uma variedade considerável de outros oráculos de adivinhação, e até contém poemas que são geralmente atribuídos a uma Divindade maior ou local, mas o que lhes é apresentado agora é muito especial.

Ao longo dos séculos, muitos ouviram a voz de Kuan Yin, muitos se encontraram na imagem Dela em seus corações. Com certeza, Kuan Yin tocou de alguma maneira sua vida (inclusive a nossa), oferecendo Esperança, Fé, Amor Incondicional e Compaixão, retirando, ainda, a força do sofrimento interior de todos aqueles que tiveram alguma dor ou sentiram medo, amargura, tristeza ou desespero.

Aqui, quando a leitura é realizada, a própria forma tranquila e compassiva de Kuan Yin é percebida pela sua voz suave e sua Sabedoria, que afaga nossos corações com as mensagens e respostas obtidas.

Todos estão convidados a percorrerem os caminhos que levam ao encontro sublime desta Divina Senhora e encontrar o brilho, a Luz Divina que é oferecida e que nunca fora vista antes.

Este oráculo traz as respostas que, embora não sejam definitivas, representam as orientações superiores e mensagens de conforto, sugerindo caminhos a serem seguidos, cujas palavras ditas são fontes de confiança plena em Kuan Yin.

Para conhecermos realmente essa Deusa, devemos esquecer tudo o que não é realmente amado e deixar os julgamentos, que são apegos de uma mente antiga. Kuan Yin é puro amor incondicional, além da mente condicionada a preconceitos.

Para tanto, uma força antiga é invocada na rendição de impedimentos após impedimentos, obstáculos após obstáculos, das misérias humanas secretas e óbvios sofrimentos, para se aproximar, assim, do nosso verdadeiro e original Coração Divino.

Ao abrirmos o portal de Kuan Yin descobrimos partes tão lindas de nós mesmos, que para expressá-las em palavras as chamamos de anseio, pela experiência discreta da nossa natureza luminescente.

Assim, Ela dá forma aos sem forma, ou seja, oferece esperança e auxílio por intermédio do Lótus aberto de seu coração, o que lhe permitiu ser "Aquela que ouve os gritos (ou brados) do mundo", dos seres sencientes.

Desta forma, Kuan Yin personifica o alívio pleno do sofrimento, tornando-se, portanto, um dos principais fatores organizacionais do elemento devocional difundido nos ensinamentos posteriores de Buda.

A Grande Fraternidade Branca e Kuan Yin

> Tudo o que se move e respira vive no Eu. Ele é a fonte do Amor e só pode ser encontrado com amor verdadeiro e puro, mas não com pensamento. O Senhor do Amor é o objetivo de nossas vidas. Percorra este caminho espiritual e encontre-o.
>
> O Eu brilhante habita profundamente no coração. Tudo no mundo vive no Eu. O Senhor do Amor é a fonte da Vida e da Verdade.
>
> *Mundaka Upanishad*

As escrituras antigas descrevem dez estágios e dois tipos de Bodhisattvas, o mundial e o transcendente. Os mundiais são realizados como humanos e os seus apoios seguem aos homens. Podemos pensar em Madre Tereza e Dalai Lama como exemplos. Até Mozart pode ser visto como um, já que a a atividade do Bodhisattva não precisa se restringir a um contexto religioso. Depois do sexto estágio, o nível transcendente é atingido e, uma vez que atingem o estágio mais alto, eles são chamados de Mahasattva.

Nesta condição, Kuan Yin atingiu os níveis mais elevados, porém resolveu permanecer próxima à Terra, não elevando-se ao nível do Nirvana ou Búdico.

Kuan Yin é uma Mestra Ascensa que veio para a Terra há milhões de anos, assim como os Santos Kumaras, todos oriundos do Planeta Vênus, a fim de realizarem sua missão neste orbe planetário.

Assim "aquela que ouve os brados do mundo" responde com compaixão de todos os lados, com grandes votos, de forma tão profunda como o oceano, por períodos inconcebíveis, muitas vezes trabalhando com inúmeros Budas. Quando olhamos para suas manifestações podemos abraçá-la em nossos corações e o fazemos, não em vão, pois nela pode extinguir o sofrimento da existência. A indagação que ainda pode restar é como ela realiza isso. Explicamos:

A Deusa nos ensina que, por intermédio da pronunciação de cada oração ou de cada mantra específico utilizando um japamala de cristal, observa-se que em cada conta a Divina Mãe, Senhora da Compaixão, libera um cordão umbilical para as almas que estejam enredadas no mar amargo das circunstâncias cármicas.

Quando se entoa a Palavra Divina e magnetizamos a aura deste maravilhoso Ser Compassivo, Ela é capaz de emitir milhões de raios como agulhas finíssimas de seu próprio Coração Magnânimo, sendo que, cada um destes é uma nova matriz da própria Compaixão, que é enviada para alguém necessitado em determinado local.

Tudo isto porque Kuan Yin é a Divina intercessora também perante o Conselho Cármico, onde tem a função de trabalho dentro do Pilar da Misericórdia Divina, aspecto do 7º Raio de Manifestação, tendo noutro Pilar, o da Justiça Divina, a Deusa Mestra Pórtia, que tem missão de aplicar as Leis Imutáveis Superiores dentro daquele Tribunal.

Ao pesar da balança entre a Justiça Divina e a Misericórdia, aplica-se a respectiva sentença ou autorização para uma nova oportunidade na Terra. Portanto, o trabalho que Kuan Yin desenvolve é apresentar para aquele Conselho tudo que aquele ser, aquela alma, realizou em prol de seu semelhante, quer seja caridade, complacência, generosidade, compaixão, misericórdia, Amor Divino ou qualquer outra ação que reflita o aspecto dos chamados carmas positivos que são recolhidos dentro do Corpo Causal daquele ser.

Kuan Yin viveu antes do nascimento de Jesus e ocupou o ofício de Chohan do 7º Raio por 2000 anos da Era de Peixes, portanto, podemos ver o significado mais profundo do signo de Peixes, seu grande domínio sobre as águas, as quais se convertem na fonte da vida e de tudo aquilo que formos capazes de tomar do mar no interior de nossos corpos: os minerais, a vida das plantas e o próprio peixe (em sentido figurado).

Desta forma, Kuan Yin, em si mesma, vem em um corpo de peixe e diz ao devoto: "venha e coma". Este é meu corpo e meu sangue, desta forma, há a participação de Alfa e Ômega, os arcos que formam o conhecido símbolo do peixe da Era de Peixes e nos oferece o caminho da iluminação ou na dispensação de Peixes para a qual hoje estamos reagrupando nossas forças para alcançá-la.

O Retiro Etérico de Kuan Yin é o Templo da Misericórdia que fica sobre Pequim na China, onde mantém há éons de tempo o foco de luz da Mãe Divina em favor dos filhos da antiga terra daquele continente, tanto quanto para todos os seres sencientes.

Nesta situação, quando somos carregados com a luz e a consciência de Kuan Yin, ou mesmo dos Mestres da Grande Fraternidade Branca com quem Ela trabalha, recebemos os talentos e a criatividade para o serviço à vida que escolhermos ou para mudar nossa própria existência e tudo que está relacionado com esta vida.

À medida que interagimos com a Divina Senhora, mais e mais Ela se aproxima, desta forma, passamos a ser um refletor capaz de transmitir a outros a energia e a vibração que a acompanha; a chama lavanda ou violeta, estabelecendo-se sempre a cura e a liberação geral.

Vamos encontrar mais adiante, nesta obra, inúmeros mantras, um ao final de cada manifestação ou Pérola e, ao recitá-los, pronunciando o Nome da Divina Senhora, teremos oportunidade de senti-los, invocando-a para nós mesmos ou em favor de outra pessoa. É quando Ela se converte naquela energia dentro do nosso corpo, dos nossos ossos, e nos robustece e alivia a nossa alma. Tudo isso é possível decorrente de seu voto como Bodhisattva, o que fez com que o Deus, ou Buda, lhe conferisse essa Graça que mantém, pois Ela é o próprio Deus ou Buda Misericordioso, em cuja imagem foi feita, porquanto, este mesmo Senhor teve compaixão sublime ao permitir-lhe ficar e permanecer próxima à Terra até que a vida eterna fosse concedida a todos os seres sencientes merecedores.

Sua eterna Compaixão também é resposta à sua promessa, que lhe outorgou Sabedoria e Amor Incondicional, bem como engenhosidade na ação, no ensinar o Dharma e em chegar a todos onde quer que seja ou estejam.

Ao proferir e difundir seus mantras, memorizando aquele ou aqueles que mais lhe agrade, isso poderá culminar por eliminar diversas crises, dores, sofrimentos, tristezas, amarguras ou qualquer aspecto que envolva seus corpos físico, mental, etérico e emocional (principalmente), porque recebemos a alquimia sagrada em nós pela vibração certa, precisa, para estabelecer-se a cura.

Somos veículos de expressão e manifestação aqui neste plano. Basta requerer a cura, seja qual for o serviço que desempenhemos, podemos pedir a Ela, enviando nossos pleitos, nossos rogos, insistindo até que ocorra o cessar das limitações, que alcancemos esta dádiva maravilhosa, porque não há nada na Vontade Divina que Ela não possa precipitar alquimicamente, desde que possamos ser capazes de manejar esta alquimia, mantendo a harmonia que é requerida se buscarmos a integridade de nossas almas, principalmente no 7º chacra com o ardente coração da Bodhisattva do Buda Vivente.

Os caminhos se abrem como pétalas em flor, pétalas do próprio Lótus que nos é oferecido, e simbolizam a plena abertura de nossas consciências para o despertar definitivo para, assim, podermos caminhar por este plano como seres sencientes, amadrinhados com a Luz Imorredoura deste Ser Sublime, cujo resplandecer em nosso coração aplainará os caminhos para a Felicidade Eterna.

Depois da leitura do oráculo cada um poderá compartilhar, caso deseje, a sua benção especial com outras pessoas, descrevendo o Propósito, ou seja, o motivo ou real objetivo de ter realizado esta busca por respostas:

- A MANIFESTAÇÃO: qual foi ou quais foram as Pérolas escolhidas.
- O SIGNIFICADO: o que cada orientação, palavra ou mantra, significaram para sua vida.

Atenção: todos os mantras e orações que estão contidos em cada Pérola, poderão ser fornecidos ao consulente a critério do oraculista, para que este os realize em seu benefício, de acordo com a leitura que foi realizada. Apresentaremos, para uma maior compreensão e prática, a forma completa e a reduzida de cada mantra, assim como sua devida pronúncia, que é de suma importância para essa conexão. A prática da repetição dos Mantras Completos citados traz o empoderamento da Luz e a Sabedoria de Kuan Yin. Já os mantras resumidos trazem a Harmonia dessa Deusa para aqueles momentos mais imediatos. As duas formas funcionam. Este é o objetivo especial dos mantras e orações das Pérolas de Kuan Yin.

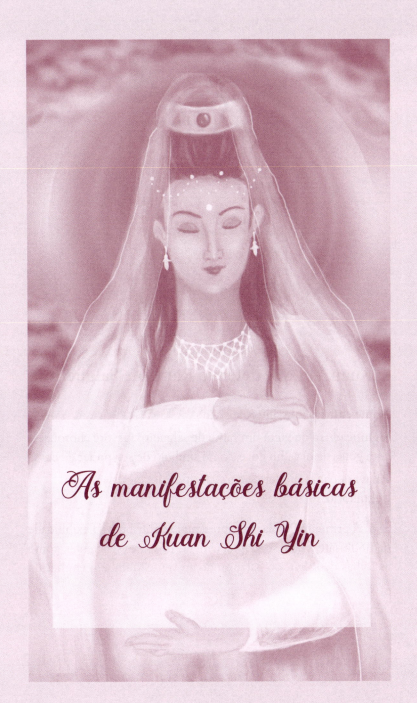

As manifestações básicas de Kuan Shi Yin

1. Kuan Yin que detém o Ramo de Salgueiro

PÉROLA 1
Kuan Yin que detém o Ramo de Salgueiro

Nome chinês: Yang Liu Kuan Yin

Significado: a que tem um ramo de salgueiro (árvore chorona) com gotas de orvalho doce, como símbolo de seu poder de cura.

Palavras-chave: poder de cura, purificação, mestria divina e equilíbrio.

A primeira Pérola vem apresentar um atributo à flexibilidade da Bodhisattva para se adaptar à mente dos seres sencientes, como as folhas de salgueiro balançando ao vento. Também conhecida

As manifestações básicas de Kuan Shi Yin

como Avalokiteshvara Bhaishajya-Raja[8], que segura um frasco de elixir em uma mão e um caule de folhas de salgueiro na outra.

O elixir que ela traz significa que toda espécie de doença pode ser curada, desde doenças físicas até as espirituais. O salgueiro representa o Poder de cura de Kuan Yin.

Esta Pérola diz que você pode meditar, visualizar o Poder curativo em sua vida, porque a Deusa deseja oferecer a quem queira a sua água da vida e, consequentemente, saúde.

Yang Liu Kuan Yin vem nos trazer a importância de saber ainda mais e mostra que o jarro vem simbolizar a purificação, porque contém a água da vida, que corre pura, clara, cristalina. O orvalho doce também é o néctar da sabedoria e da compaixão. É a água da vida que flui e corre, é o nosso anthakarana, ou seja, o cordão de cristal que vem da nossa chamada Presença EU SOU e o vaso que temos e levamos em nosso Chacra do Coração e em todos os chacras. É a água que vem nos dar a Mestria Divina, não só aos signos de Água como também nas doze hierarquias solares e concomitantemente do Fogo, do Ar e da Terra. O orvalho doce é aquele que cai como pétalas de luz, preenchendo nosso ser, nossa essência divina.

---

8. A) Bhaishajya Raja é a Bodhisattva mencionada no capítulo 23 do Sutra do Lótus, o Rei da Medicina, que em uma vida anterior queimara o corpo em oferta a um Buda e renascera durante um período de inúmeras vidas, curando e curando doenças físicas e mentais. É uma representação simbólica do poder de cura de Buda. O sânscrito Bhaishajya significa curabilidade, remédio; raja, significa rei. B) No momento do renascimento, após passagem na Terra Pura, o Buda da Medicina virá para mostrar o caminho para oito Bodhisattvas, sendo um deles Bhaishajya Raja, para o nascimento nas realidades celestiais. C) Bhaishajya Raja, no Capítulo 23 do Sutra referido, Buda menciona os poderes extraordinários do Sutra do Lótus, o melhor de todos os sutras e os benefícios que os seres sencientes obterão ao convidar outras pessoas ao ler e praticar suas habilidades de ensino.

A Kuan Yin que detém o ramo de salgueiro nos diz também que as qualidades búdicas adquirem-se aos poucos, sendo que existem dez virtudes[9] ou perfeições, a chave mestra para trilhar a senda espiritual estando na matéria. É necessário limpar-se da consciência humana da insignificância, tornando-se transparente, de modo que cada preciosa qualidade brilhe através de cada um.

A água tem uma simbologia própria, mas também é um dos símbolos da boa sorte, contendo em seu interior uma pureza que tem a o poder de aliviar o sofrimento dos seres sencientes.

Com esta Pérola, Kuan Yin demonstra que tem a capacidade de dissipar a doença e o desequilíbrio emocional, mental, físico e espiritual por intermédio de seus poderes de cura. Também nos ensina a sermos curadores e compassivos, o que nos impele pelo não julgamento e pela flexibilidade interior.

Pérola que vem com o poder para remover quaisquer ressentimentos, limpando o coração, trazendo e doando o perdão e ainda atuando na regeneração quando ocorre algum trauma na vida humana e, por conseguinte, iluminando e trazendo ânimo.

Aqueles que se devotam ou têm apreço por Kuan Yin e sofrem de doenças, oram especialmente por esta manifestação, para que ela atue vertendo seu bálsamo curador e espargindo seu néctar curativo. Esta forma de seu aparecimento é popular na China e também no Sudeste Asiático.

O fluxo da vida está além do pó, quando Ela, segurando o ramo de salgueiro na mão, dá indícios de que a doença será eliminada, dissipada. Nesta representação, Ela ensina a forma de obter a cura e a compaixão através da flexibilidade interior, não realizando qualquer julgamento.

---

9. As dez perfeições são conhecidas por "paramitas", as preciosas qualidades de um Buda. Elas curam o corpo, a mente e a alma.

As manifestações básicas de Kuan Shi Yin

Para ter as benesses desta manifestação de Kuan Yin faça este pedido:

Bem Amada Kuan Shi Yin, Senhora da Compaixão, da Misericórdia, da Piedade Divina, Eu (nome de batismo) em Nome da Minha Poderosa Presença EU SOU e da minha Santa Bodhisattva Búdica, ofereço este mantra para que verta tua manifestação, tua Pérola e teu poder de cura com as águas da Vida, espargindo com teu galho de salgueiro o bálsamo benfazejo, libertando-me de quaisquer desequilíbrios, removendo quaisquer ressentimentos e trazendo o perdão em meu coração, fazendo fluir uma corrente de Chama Violeta, e que ela desça como verdadeiro néctar de Sabedoria e de Compaixão para mim e para todos os filhos e filhas de Deus, segundo a Santa Vontade de Buda. Assim Seja.

Mantra completo: *Wha Chiang Yang Lee-Oh Gwan Yin Koe Toe*
Pronúncia: *Wo Xiang Yang Liu Guan Yin Kou Tou* (3x) *OM*
Mantra resumido: *Na-Mo Yang Liu Kuan Yin*
Pronúncia: *Nah-Mo Yang Lee Oh Guan Een*
Significado: Saudação ao Sagrado Nome de Kuan Yin que detém o ramo de Salgueiro.

2. Kuan Yin sobre a Cabeça do Dragão

PÉROLA 2
Kuan Yin sobre a Cabeça do Dragão

Nome chinês: Long Tou Kuan Yin

Significado: a montada sobre o dragão, símbolo do Poder de Kuan Yin no domínio sobre as energias.

Palavras-chave: transformação libertação de obstáculos e amarras, Libertação e prática da gratidão.

 Nesta Pérola vemos que ela aparece nas costas de um dragão voando pelas nuvens. Dragões são seres celestiais ou sobrenaturais que trabalham em prol dos seres sencientes.

 Pérola que revela a vinda da proteção, a expulsão de quaisquer energias negativas e terríveis como seres ditos da escuridão e, sobretudo, traz sabedoria.

O *Sutra do Lótus* diz que: "Se existem aqueles que podem ser libertados por um *naga*[10] ou *yaksa*[11], o Bodhisattva aparecerá nessas formas para ensinar-lhes o Dharma". O dragão é um símbolo antigo de alta espiritualidade, sabedoria, força e poderes divinos de transformação. A cabeça do dragão é um símbolo sagrado no Oriente, representando todo Espírito da Grande Fraternidade Branca, a plenitude do Céu e a Kuan Yin portando toda realização desse dragão, o Poder do Todo, o pleno poder sobre o Céu e a Terra.

Kuan Yin viajando sobre as águas em cima de um dragão vem mostrar seus poderes espirituais, mostrando ser, também, a padroeira dos pescadores. O dragão é o mais elevado de todos os animais, ele pode ser comparado ao poder ilimitado de Kuan Yin, que se destina a nos libertar de qualquer falta e de sofrimentos desnecessários e ensina que podemos receber uma abundância de benesses divinas por intermédio da Gratidão. O dragão representa aqui o Poder de Kuan Yin, que pode nos libertar da falta cometida e do sofrimento desnecessário.

Esta Pérola vem nos ensinar que podemos ter abundância e boa sorte por intermédio da prática da gratidão. Kuan Yin brilha e é a Glória da Luz para a espécie humana; quando esta Luz surge, o homem fica iluminado.

---

10. Naga é uma palavra sânscrita que designa um grupo de divindades da mitologia hindu e budista. Em termos concretos, refere-se tanto a cobra rei, para o elefante quanto a todas as cobras de menor grau. Mas também se refere a um grupo de deuses, ou espíritos, ou um clã de pessoas misteriosas e, às vezes, a todas essas coisas ao mesmo tempo. Na literatura budista encontramos menções sobre dragões em alguns sutras, principalmente sobre os "reis dragões". O termo dragão encontrado nestes sutras geralmente foi uma tradução do sânscrito nâga, onde o seu rei era considerado um grande nâga ou um dragão.

11. Yaksha (sânscrito: yaksa, kannada: yaksa, tamil: yakan, iyakan, odia jôkhyô, pali: yakkha) ampla classe de espíritos da natureza, geralmente benevolentes, mas às vezes travesso ou caprichosos cuidadores do natural tesouro escondidos nas raízes da terra e da árvore.

Sua função é nos fazer entender que a força da transformação atua sempre que for possível e tiver um terreno propício para isso, e que a semeadura deve ocorrer por intermédio de suas corretas ações. É transformar a raiva, o medo e a dor, criando a centralização do coração pelo equilíbrio em um mundo turbulento. É dominar as forças primárias individuais num constante processo de domar e, quando isso acontece, somos prestigiados com a boa sorte. O dragão também simboliza nosso aprendizado, o controle que devemos buscar e ter sobre os sentimentos.

A união de Luz e de Amor permitirá novos entendimentos de consciência. Permita-se ser acariciada pela radiância de Kuan Yin, que personifica a consciência que brota da Luz, pois o Amor Incondicional é uma função do princípio receptivo da criação. A força vital animadora que penetra Tudo o Que É.

Assim, ciente do que é necessário, você pode visualizar toda a espécie de mal, qualquer que seja ele, sendo subjugado, derrotado plenamente, não só no aqui e agora, mas também em qualquer momento de sua vida.

Para se conectar mais com esta manifestação de Kuan Yin faça a seguinte invocação:

Bem Amada Kuan Shi Yin, Senhora da Compaixão, da Misericórdia, da Piedade Divina, Eu (nome de batismo) em Nome da Minha Poderosa Presença EU SOU e da minha Santa Bodhisattva Búdica, ofereço este mantra para que verta tua Pérola da manifestação de teu Poder e Domínio sobre todas as energias, expulsando as negativas, para operar em mim a transformação necessária, pela expressão de minha gratidão à vida, fazendo fluir uma corrente de Chama Violeta, descendo como verdadeiro néctar de Sabedoria e de Compaixão para mim e para todos os filhos e filhas de Deus, segundo a Santa Vontade de Buda. Assim Seja.

Mantra completo: *Wo Xiang Long Tou Guan Yin Kou Tou*
Pronúncia: *Wha Chiang Lohng Toe Gwan Yin Koe Toe* (3x) *OM*
Mantra resumido: *Na-Mo Lung T'ou Kuan Yin*
Pronúncia: *Nah-Mo Lohng Toe Guan Een*
Significado: Saudação ao Nome Sagrado de Kuan Yin sobre a cabeça do dragão.

PÉROLA 3
Kuan Yin que traz os Sutras

Nome chinês: Jing Chi Kuan Yin

Significado: a que segura o *Sutra Prajnaparamita*, símbolo da Perfeição da Sabedoria.

Palavras-chave: sabedoria espiritual, devoção, insights e responsabilidade.

Nesta Pérola, vemos que a Deusa está sentada em uma pedra com um pergaminho na mão direita. À medida que os Sravakas[12]

---

12. Sravaka significa discípulo, termo usado no budismo e jainismo. Sravaka ou Shravakas tem duas explicações: a primeira é que eles ouvem os ensinamentos de Buda sobre as quatro nobres verdades ou os doze elos e depois de refletir e meditar, atingem o objetivo da conquista; quando atingem este processo, proclamam isto a outras pessoas; a segunda é que eles recebem e ouvem ensinamentos sobre Mahayana de Buda e, embora não os pratiquem, eles os guardam em suas

As manifestações básicas de Kuan Shi Yin

atingem a iluminação ouvindo o Dharma, o sutra é usado como um símbolo do ensino.

O *Sutra do Lótus* diz que: "Se existem aqueles que podem ser libertados por um *Sravaka*, um discípulo iluminado do Buda. A Bodhisattva aparece nesta forma para ensinar-lhe o Dharma".

Ao surgir esta Pérola, devemos pensar em Kuan Yin sustentando os ensinamentos dos grandes Budas, encarnando e entregando a cada um os seus ensinamentos. Contemplando essa imagem, voltada para si, percebam a energia de Luz que Ela envia.

É a Kuan Yin que traz os sutras, quando isso acontece, devemos nos converter Nela, sentindo esta responsabilidade. Tal qual o caminho da *Bhakti Yoga*[13] e a devoção que revestem a Divindade, a Mestra de Luz, com todas suas virtudes, que devem ser concluídos e cumpridos pela devoção que retorna sobre cada um de nós.

Aqui vamos encontrar a representação de insights mais profundos dos ensinamentos espirituais, onde Ela ensina a obter a compreensão da impermanência e da eternidade a partir deste mundo em que vivemos, bem como aplicar de forma correta a verdadeira Sabedoria Espiritual.

O ser humano não desenvolveu sua capacidade mental inata, a sabedoria ainda lhe é um campo desconhecido, pelo que, por intermédio da busca do conhecimento, vai caminhando em direção à plena realização de sua consciência divina.

---

memórias infalíveis. Então, quando encontram aqueles que consideram merecedores, transmitem de sua memória os ensinamentos do Mahayana.

13. Bhakti Yoga ou a Senda da devoção e do Amor Divino. É o caminho que apela especialmente para aqueles de natureza emocional, motivado, principalmente, pelo poder do Amor, vendo Deus como a personificação do amor. Ele se dá a Deus por meio de orações, louvores e rituais, canalizando e transmutando suas emoções em amor incondicional ou devoção. Entoar ou cantar com louvor a Deus é uma parte substancial desta Yoga. Bhakti em si é uma das três doutrinas ou caminhos básicos prescritos pelo hinduísmo para liberação espiritual.

Jing Chi Kuan Yin também representa a vinda dos ensinamentos pela Bodhisattva, associada à compreensão e à ação de escutar os ensinamentos sagrados, principalmente quando se está estudando ou lendo a respeito dos mistérios divinos.

A Pérola nos diz que ao sentirmos falta de algo na vida, sentindo-se como se estivesse em uma prisão, há uma dor na alma, escondida pela separação com a divindade. Esta pode ser percebida como a causa subjacente mais profunda do sentimento de separação de Deus e por sentimentos de solidão, resultando em medo, raiva, culpa e tantos outros sentimentos. Buscar entender as lições que a alma necessita e tentar aprender restaura o nexo de ligação com o Alto.

Kuan Yin, nesta litografia representativa, tem a Luz mais brilhante. Sabedoria sutil não segue as raízes. Devemos ter os insights mais profundos dos ensinamentos espirituais que nos são permitidos obter dos mistérios sagrados.

Nesta forma ela é a Bodhisattva dos que escutam a pregação dos ensinamentos budistas, sua filosofia, alcançando a iluminação. Os cinco sentidos têm um real e máximo valor quando a seguimos, pois Kuan Yin, podemos dizer, encarna os chamados *cinco raios secretos* [14].

Temos, além da sensibilidade e do sentir, a audição, o paladar, o olfato, a visão e o tato. Isso é muito importante, mas devemos buscar interpretá-los espiritualmente, de maneira que possamos discernir os espíritos e conhecer a vibração dos Mestres de Luz.

É a Pérola que vem assinalar que nossa consciência deve buscar o crescimento espiritual, atrás do processo para receber o que houver de ser recebido e ouvido e, como um tesouro, guardar

---

14. A) Raios Secretos são as energias mais sutis, mais poderosas que podemos desenvolver e refinarmos na senda de Bodhisattva. Eles são liberados pelos mudrás das mãos dos Budas e Bodhisattvas. B) Ler: *O Poder dos 12 Raios Cósmicos e seu Triângulo de Missão*, de Márcos Latàre e Valdiviáh Lâtare. Editora Alfabeto, 2ª edição, 2023.

As manifestações básicas de Kuan Shi Yin

no coração e na mente. Devemos enxergar os reflexos e deixar a porta aberta à receptividade, espalhando-se e tornando-se cada vez mais disponível para a evolução.

Para se conectar mais com esta representação faça a seguinte dedicação:

Bem Amada Kuan Shi Yin, Senhora da Compaixão, da Misericórdia, da Piedade Divina, Eu (nome de batismo) em Nome da Minha Poderosa Presença EU SOU e da minha Santa Bodhisattva Búdica, ofereço este mantra para que verta a Pérola de teus ensinamentos dos Sutras Divinos, para que eu compreenda os mistérios sagrados manifestando a perfeição em mim e para que eu possa ter os insights de tuas energias divinas e orientações e aprenda pelo conhecimento a chegar ao Alto, preenchendo minha alma com esta Luz e encontrando meu real motivo de existir, fazendo fluir uma corrente de Chama Lavanda de Teu coração e que ela desça como verdadeiro néctar de Sabedoria para mim e para todos os filhos e filhas de Deus, segundo a Santa Vontade de Buda. Assim Seja.

Mantra completo: *Wo Xiang Chi Jing Guan Yin Kou Tou* (3x) *OM*
Mantra resumido: *Na-Mo Ch'ih Ching Kuan Yin*
Pronúncia: *Nah-Mo TChe(r) Jin Guan Een*
Significado: Saudação ao Sagrado Nome de Kuan Yin, que traz os Sutras.

PÉROLA 4
Kuan Yin da Completa Luz

Nome chinês: Guang Yuan Kuan Yin

Significado: a de luz salutar. Aquela que simboliza a totalidade vasta de luz que expulsa todas as trevas e as sombras.

Palavras-chave: abertura de caminhos, purificação e queima de registros cármicos.

Esta Pérola vem nos mostrar uma Kuan Yin repleta de Luz, simbolizando a vasta totalidade dessa força que bane de uma vez por todas as sombras, infortúnios e trevas existentes e a total compaixão dela como Bodhisattva. Quando recebemos esta energia, saem de nossos corações raios de Luz como agulhas finíssimas, expressando e levando, como veias diminutas, todos os matizes da compaixão das esferas dos chamados Raios Secretos que rodeiam o Chacra Cardíaco. Sua auréola indica sacralidade e elevação espiritual.

Essas agulhas são como verdadeiros raios que saem de nossos corações com as bênçãos de Kuan Yin nesta manifestação, estendendo a Compaixão de milhares de formas diversificadas, à medida que nós e todas pessoas que necessitam recebem esta compaixão da Divina Mãe, que é a mesma que vem de nosso Amado Pai Divino. Assim, a Avalokiteshvara nos envia esta virtude e qualidade Divina, trazendo ambas as energias polarizadas do masculino e do feminino, do Yin e do Yang. Dentro de tudo isso encontramos o Buda Amitabha dos cinco raios secretos.

Consta de uma lenda que, "se houver seres sencientes a serem punidos pelos reis, e que esteja a atingir os fins dessa punição pela execução; então, pelo poder de invocação desta Avalokisteshvara, a lâmina do carrasco se partirá em muitos pedaços". Isso significa que sua Luz clareia a mais intensa treva e, portanto, salva os seres sencientes das agressões e dos perigos de morte.

A Pérola nos diz que os perigos a que estamos sujeitos ou enfrentamos no dia a dia podem ser afastados quando trazemos para perto a Luz que irradia do campo eletrônico ou o corpo de Luz da Bodhisattva, por intermédio da nossa devoção ou pelo fato de orarmos sinceramente, já que Ela é movida na totalidade por essa Completa Luz que é seu Amor Incondicional ou a própria Compaixão pelos seres sencientes.

Esta Pérola revela Kuan Yin aparecendo envolta por uma luz abrangente. Vemos, pois, que Ela está sentada sobre uma rocha com as palmas das mãos em oração. As Chamas ardentes ou luzes radiantes por trás são a representação de sua tamanha Força.

O ensinamento é para que aumentemos a Luz de nossos chacras, intensificando o "fogo" criativo, inclusive para limpar, transmutar ou queimar registros de nossas vidas.

Guang Yuan Kuan Yin representa a Luz dissipando todas as trevas e infortúnios que tenham ocorrido. É a abertura dos caminhos. Ela nos dá o ensinamento de como aumentar a Luz em nossos centros energéticos e de como um fogo ou uma luz intensa pode purificar nossa alma, nossa vida e nossa consciência.

Assim, a Luz que irradia silenciosamente pode salvar todos os seres vivos. Como o vento e o fogo brilham, todo o corpo também brilha irradiando para todas as direções. O *Yuan Guang* de seu mantra significa que a benção da Avalokisteshvara está completa. Para se conectar mais com esta manifestação de Kuan Yin faça a seguinte invocação:

Bem Amada Kuan Shi Yin, Senhora da Compaixão, da Misericórdia, da Piedade Divina, Eu (nome de batismo) em Nome da Minha Poderosa Presença EU SOU e da minha Santa Bodhisattva Búdica, ofereço este mantra para que tu vertas a Pérola da tua Presença de Completa Luz sobre meu Chacra do Coração, banindo todas as sombras e protegendo-me dos perigos nesta caminhada terrestre, para que eu receba e envie milhares de raios de Luz de Compaixão Infinita a todas os seres sencientes que necessitem desta Compaixão, Divina Mãe, manifestando a perfeição em mim no cumprimento de meu plano divino, fazendo fluir ainda uma corrente de Chama Lavanda e que Ela desça como verdadeiro néctar de Sabedoria para mim e para todos os filhos e filhas de Deus, segundo a Santa Vontade de Buda. Assim Seja.

Mantra completo: *Wo Xiang You Xi Guan Yin Kou Tou*
Pronúncia: *Wo Xiang Yuan Guang Guan Yin Kou Tou* (3x) *OM*
Mantra resumido: *Na-Mo Yuan Kuang Kuan Yin*
Pronunciar: *Nah-Mo Yü-En Guang Guan In*
Significado: Saudação ao Sagrado Nome de Kuan Yin da Completa Luz.

5. Kuan Yin da Alegria e da Diversão

PÉROLA 5
Kuan Yin da Alegria e da Diversão

Nome chinês: Yu Xi Kuan Yin

Significado: a lúdica, sempre feliz, sorrindo, de aspecto alegre, radiante.

Palavras-chave: alegria, diversão, compassividade, proteção e liberdade.

  Esta Pérola nos mostra Kuan Yin representada como uma divindade divertida e alegre, transmitindo a mensagem de sua plena assistência que dá àqueles que estão no caminho da iluminação. Ela está nos ensinando a sermos compassivos com nossas deficiências, com nossos erros, falhas, derrotas e vitórias. Substitui-se por extrema felicidade, alegria, riso interior e exultação.

  Vemos aqui uma Kuan Yin assentada nas nuvens coloridas do arco-íris, com um braço apoiado no joelho e o outro indo em direção ao corpo. Estas nuvens são usadas como um símbolo da liberdade do voar, do não estar preso a nada, significando também liberdade, quebra de amarras, destruição o ou rompimentos de obstáculos.

O texto do *Sutra do Lótus* diz que: "Se houver seres sencientes perseguidos por homens maus e, como resultado, caírem da montanha adamantina, então pelo poder de invocar Avalokiteshvara, nem um único fio de cabelo será ofendido".

Quando usamos este mantra de proteção de Kuan Yin, possibilitamo-nos a nos abrigar em sua Luz de forma a não sermos molestados; nada poderá nos tocar. Cria-se um escudo de proteção de Luz que podemos utilizar sempre que nos sentirmos ameaçados, com medo, em situações de risco ou em perigo, bem como para o processamento de cura em vários níveis, em especial para as crianças, incluindo a nossa interior, para quando nos sentirmos sós, abandonados, não sendo amados e em estado de depressão interior.

Pérola que traz Luz divina às nossas vidas, ilumina nossos caminhos, trazendo a presença da grande alegria desta Bodhisattva em estar presente em nossas vidas e os ensinamentos e conversão das almas de volta a Luz Eterna. Assim o trabalho, a obra Dela, é todo o aspecto do maya em que a humanidade está imersa, pois há muitas e muitas formas ou maneiras de chegar aos seres sencientes.

Portanto, sua maior alegria, e até de certo ponto diversão, é quando há Vitória neste grande jogo de xadrez em que o outro adversário é ou são aqueles que trazem falsos ensinamentos, o engodo, o erro, a mentira e a falsidade, os quais na verdade aprisiona a mente e o coração dos incautos. Assim, com esta libertação com os verdadeiros ensinos, a alma pode se converter em essência prístina e seus chacras podem ser abertos em Luz e resplandecerem, retornando ao seu Senhor, o Buda vivente (ou Cristo Vivente).

Para se conectar mais com esta manifestação de Kuan Yin faça a seguinte invocação:

Bem Amada Kuan Shi Yin, Senhora da Compaixão, da Misericórdia, da Piedade Divina, Eu (nome de batismo) em Nome da Minha Poderosa Presença EU SOU e da minha Santa Bodhisattva Búdica, ofereço este mantra para que tu vertas a Pérola da tua alegria e diversão sobre mim, a fim de que eu receba e envie milhares de raios de Luz de Compaixão Infinita a todas os seres sencientes que necessitem desta Compaixão, Divina Mãe, para que possa quebrar as amarras e correntes dos obstáculos em minha vida, manifestando a perfeição em mim para cumprimento de meu plano divino, fazendo fluir ainda uma corrente de Chama Lavanda e que ela desça como verdadeiro néctar de Sabedoria para mim e para todos os filhos e filhas de Deus, segundo a Santa Vontade de Buda. Assim Seja.

Mantra completo: *Wo Xiang You Xi Guan Yin Kou Tou*
Pronúncia: *Wha Chiang Yo Shih Gwan Yin Koe Toe* (3x) *OM*
Mantra resumido: *Na-Mo Yu Hsi Kuan Yin*
Pronúncia: *Nah-Mo Yo (h) Shee Guan Een*
Significado: Saudação ao Sagrado Nome de Kuan Yin da Alegria e da Diversão.

PÉROLA 6
Kuan Yin da Túnica Branca

Nome chinês: Bai Yi Kuan Yin

Significado: Kuan Yin vestida de túnica branca, simbolizando sua pureza total.

Palavras-chave: proteção, benção, destemor e pureza.

Esta Pérola vem nos ensinar o destemor que devemos ter ante às situações que nos ocorrem nesta existência terrena, auxiliando-nos a nos enxergar como Ela nos vê. Representa a Virtuosidade de Kuan Yin, a perfeita encarnação da Pureza e nos ensina a ver os outros como ela nos vê.

Tanto o destemor quanto a coragem nos dão o sinal da idade adulta do coração, pois quando este realmente ama não conhece o medo. Um coração que contém um amor perfeito expulsou todo medo e todo seu tormento. Abramos o coração permitindo que o fluxo de Luz, Amor, Sabedoria, Poder e Ternura fluam de nosso ser, pois nossa real proteção vem da Luz do fluxo do coração de Kuan Yin e de Deus para nós, não permitindo nada interferir em nossa jornada terrestre.

Kuan Yin tem um manto Sagrado que a veste sempre, neste caso, ele é puro como o floco de neve, representa o Corpo de Luz, que protege, que torna intocável o ser humano. É a virtuosidade de Kuan Yin, uma personificação de sua pureza virginal.

Nesta manifestação, temos uma representação das mais populares na China com referência a Ela, sendo muitas vezes um dos temas favoritos dos artistas chineses, não raras vezes encontrada sentada em um lótus branco, símbolo da pureza, da mente e da iluminação.

Bai Yi Kuan Yin surge com um manto branco, sentada em posição de meditação sobre uma rocha, aparecendo como um Bhikku ou Bhikkuni, que é um discípulo ordenado e avançado do Buda. É o mesmo que Avalokiteshvara Pandaravasini[15].

O capítulo do Portão Universal do *Sutra do Lótus* diz que: "Se há aqueles que podem ser libertados por um Bhikku ou Bhikkuni[16] a Bodhisattva aparecerá nesta forma para ensinar-lhes o Dharma".

O Branco da sua roupagem simboliza o coração imaculado puro da iluminação – o Bodhicitta[17]. Aliás, esta Kuan Yin é também chamada de "Mãe da forma", pois podemos verificar que quase todas as representações chinesas desta Deusa são modeladas desta imagem.

Esta Pérola nos afirma a proteção de perigos, quaisquer que sejam, materiais ou espirituais, para a cura dos males e também para abençoar todas as crianças, incluindo também a criança interior de cada um, quando necessitamos da maior compreensão possível, como uma Mãe que acalenta seus filhos.

---

15. Pandaravasini ou Pandara é a Shakti ou a contraparte (consorte espiritual) de Amitabha, que é um dos Buda Dyani.

16. Bhikku é um monástico masculino ordenado (monge) no budismo. Quando é feminino é Bhikkuni

17. *No Coração de Kuan Yin: onde nasce a compaixão*, de Márcos Latàre e Valdiviáh Lâtare. Editora Alfabeto, 4ª edição, 2021.

Para tanto, vamos abrir a consciência, romper os véus da ilusão e abrir a porta para sacralidade do amor que permeia toda a vida, sem distinção, abençoando cada ser senciente com este amor que Deus e Kuan Yin incutiram em nosso coração. Assim, com alegria, podemos substituir nossa mente humana pela mente universal Crística de Kuan Yin, especialmente nesta manifestação, vestida com túnica branca, pois aí está a pureza do Fogo Sagrado que vai nos permitir ter domínio e mestria em todos os raios. Com isso, podemos utilizar esta visão para a presença desta Deusa, quando realizarmos a prática mântrica.

Para se conectar mais com esta manifestação de Kuan Yin faça a seguinte invocação:

Bem Amada Kuan Shi Yin, Senhora da Compaixão, da Misericórdia, da Piedade Divina, Eu (nome de batismo) em Nome da Minha Poderosa Presença EU SOU e da minha Santa Bodhisattva Búdica, ofereço este mantra para que tu vertas a Pérola da tua Pureza, de Teu Fogo Sagrado sobre mim, a fim de que Eu receba e envie milhares de raios de Luz de todos os raios divinos e de Compaixão Infinita a todas os seres sencientes que necessitem desta Compaixão. Divina Mãe, abra meu coração para externar o Amor Incondicional, cumpra meu plano divino manifestando a perfeição em mim e fazendo fluir ainda uma corrente de Chama Lavanda, e que ela desça como verdadeiro néctar de Sabedoria para mim e para todos os filhos e filhas de Deus, segundo a Santa Vontade de Buda. Assim Seja.

Mantra completo: *Wo Xiang Bai Yi Guan Yin Kou Tou*
Pronúncia: *Wha Chiang Buyyee Gwan Yin Koe Toe* (3x) *OM*
Mantra resumido: *Na-Mo Pai Yi Kuan Yin*
Pronúncia: *Nah-Mo Buy Ee Guan Een*
Significado: Saudação ao Sagrado Nome de Kuan Yin da Túnica Branca.

7. Kuan Yin sentada sobre o Lótus

PÉROLA 7
Kuan Yin sentada sobre o Lótus

Nome chinês: Lian Wo Kuan Yin

Significado: a sentada em uma folha de lótus, simbolizando que ela tem o domínio sobre os chacras.

Palavras-chave: discernimento harmonização, domínio, cura e bençãos curativas.

Pérola que tem como anúncio a representação de Kuan Yin demonstrando que, na prática meditativa, ou na posição de lótus, podemos obter a cura por intermédio desta flor, pois ela representa a Luz, a pureza que nasce do lodo.

Basta olhar e refletir um pouco acerca da forma como a flor de lótus cresce para que se revele a origem do mistério simbólico que a envolve, que começa com a semente escondida na obscuridade no fundo de um rio ou de uma lagoa, passa pelo envio dos brotos através do lodo, da lama e da água turva para depois formar flores lindas, que se abrem na superfície, à luz do Sol. Ainda que as flores repousem ao nível da água e tirem seu próprio sustento da escuridão abaixo, elas permanecem limpas e não poluídas em torno de si.

Lian Wo Kuan Yin nos diz que semelhante a um Bodhisattva, que vence a obscuridade da ignorância e se dirige em direção à Luz da Sabedoria, mas continua vivendo neste mundo, permanecemos intactos aos seus enganos. Portanto, podemos sim nos libertar dos erros, das mentiras e das perversidades que vem até nós, por intermédio de nossa vontade em fazê-lo e com auxílio de Kuan Yin.

A Pérola nos diz que cada um de nós tem aqui uma pétala das muitas milhares de pétalas de conquista da Bodhisattva Kuan Yin, mas não devemos pensar em algo muito distante ou em alguém ou em outras dimensões que seja Ela, mesmo porque nós também somos Bodhisattva em crescimento evolutivo, colocando mais e mais pétalas na construção de nosso Lótus, no caminho do que chamamos "Bodhicharyãvatãra"[18]. Caminhem na dignidade, na Graça e tendo esta Presença conosco.

Essa representação mostra o domínio sobre qualquer escuridão que se perceba. O que vem nos ensinar que podemos distinguir o real do irreal, a verdade da mentira e, ainda, entender como superar todo o sofrimento que a ilusão, o erro ou tudo isso provoca. É a Pérola que traz a verdadeira iluminação da consciência.

Como se obtém a cura pelos chacras harmonizados e alinhados, essa Pérola nos leva ao despertamento da consciência humana e a obtenção da iluminação pelo caminho do meio.

---

18. Apreciado como um tesouro por todas as tradições budistas, o caminho do Bodhisattva é um guia para cultivar a mente da iluminação e gerar as qualidades da compaixão, da generosidade, da bondade, do amor e da paciência. Bodhi significa "despertar espiritual" e Sattva "ser" ou "essência".

As manifestações básicas de Kuan Shi Yin

Diz a lenda que Kuan Yin aparece nesta forma como um Príncipe. Ela usa uma coroa e está sentada sobre uma flor de lótus em um lago, com as palmas das mãos em oração.

O *Sutra do Lótus* nos diz que: "Se há aqueles seres sencientes que podem ser libertados por um Príncipe, neste caso a Bodhisattva aparecerá nesta forma para ensinar-lhes o Dharma".

Sentada sobre o Lótus, a Deusa representa sua nobreza natural. Encontramos aqui um de seus aspectos que nos traz bênçãos curativas por intermédio desta flor.

Esta Pérola nos ensina que devemos ter ciência de que no budismo, o Lótus tem um significado especial, tanto como símbolo da pureza infinita quanto da própria iluminação em meio aos processos de engano e de ignorância que a humanidade vive no geral.

Várias manifestações de outros Bodhisattvas e Budas são retratadas em pé ou sentados em flores de Lótus, para, desta forma, não só demonstrar ter alcançado um estado puro e iluminado, sem contaminação com o mundo externo e adjacente que os rodeia, mas também mostra que podemos realizar este processo em nossas vidas, evitando ou impedindo a influência do meio ambiente humano.

Para se conectar mais com esta manifestação de Kuan Yin faça a seguinte invocação:

> Bem Amada Kuan Shi Yin, Senhora da Compaixão, da Misericórdia, da Piedade Divina, Eu (nome de batismo) em Nome da Minha Poderosa Presença EU SOU e da minha Santa Bodhisattva Búdica, ofereço este mantra para que tu vertas a Pérola da tua Pureza e Iluminação para que eu vença a escuridão da ignorância com a Luz de Tua Sabedoria, tenha perfeito domínio sobre meus chacras, realize meu plano divino e para que, assim, eu receba e envie também milhares de raios de Luz e de Compaixão Infinita a todas os seres sencientes que necessitem desta Compaixão, Divina Mãe, manifestando a perfeição e fazendo fluir uma corrente de Chama Lavanda sobre mim e sobre todos os filhos e filhas de Deus, segundo a Santa Vontade de Buda. Assim Seja.

Mantra completo: *Wo Xiang Lian Wo Guan Yin Kou Tou*
Pronúncia: *Wha Chiang Lee-En whao Gwan Yin Koe Toe* (3x) *OM*
Mantra resumido: *Na-Mo Lien Wo Kuan Yin*[19] (33x)
Pronúncia: *Nah-Mo Lee - En Ua Guan Een*
Significado: Homenagem ao Sagrado Nome de Kuan Yin sentada na Folha de Lótus.

---

19. Mantra específico para o desencadear do processo curador.

PÉROLA 8
Kuan Yin das Cachoeiras

Nome chinês: Long Jian Kuan Yin

Significado: a que está próxima e vê as cachoeiras ou queda d'água, simbolizando que ela é a Deusa do Fluxo de Energia e das cascatas de luz e das bênçãos vindas dos céus para baixo.

Palavras-chave: salvação de perigos, purificação genética, lucidez e clareza mental.

Esta Pérola nos traz proteção contra incêndios e emoções intensas e nos ensina a manter a calma, a não reagir a energias que são enviadas como torpedo ou flechas em nosso caminho e a manter o foco no resultado e no objetivo desejado.

Kuan Yin nesta manifestação observa os seres humanos sencientes e suas emoções, cuja ardência se assemelha a um "fogo ardente", "um gêiser ardente", e Ela transforma tudo isso em um lago tranquilo. O peso do processo cármico é aliviado. Sentimo-nos leves.

Pérola que representa a Senhora da Compaixão sentada em um penhasco, observando ao longe a cachoeira.

No *Sutra do Lótus* está escrito que: "Se existem seres sencientes a serem prejudicados, sendo empurrados para uma cova ardente de fogo, pela invocação da Avalokiteshvara, esta ardência se transformará em lago".

As águas que jorram da cachoeira são símbolos desta salvação do perigo. Também representa a purificação genética, a limpeza espiritual e corporal, trazendo a lucidez e a clareza mental.

Kuan Yin vê as cachoeiras como correntes de águas impetuosas, o que o significa que nada passa pelo olhar desta Deusa, atendendo aos clamores do povo. Se surgir uma avalanche de acontecimentos nefastos ou o surgimento de fatos que vem se movendo rapidamente, quer seja pelas circunstâncias quer seja acarretado por pessoas com violência na vida, Ela estará protegendo e desanuviando tudo, serenando nosso espírito.

Quando há um sentimento de raiva, por exemplo, há uma dor escondida. Essa raiva em si muitas vezes é uma tentativa fraca de demonstração de força, um escudo protetor para nos proteger da mágoa ou "água amarga", que provoca dor e amargura, mas que também cura pela vibração do fluir constante das águas, levando todas as impurezas e detritos, purificando nossa consciência e nosso corpo emocional, colocando-nos em alinhamento com o Divino. Esta é uma mensagem muito importante desta Pérola, que também nos exibe a representação de Kuan Yin em uma paisagem

As manifestações básicas de Kuan Shi Yin

de águas correntes, significando a fonte do Rio da Vida, que vem do paraíso onde Ela vive, que fica em Potala[20]. O movimento que vemos das águas tem o sentido e o significado mais puros, como a Fonte de onde descemos, de onde viemos.

Para se conectar mais com esta manifestação de Kuan Yin faça a seguinte invocação:

Bem Amada Kuan Shi Yin, Senhora da Compaixão, da Misericórdia, da Piedade Divina, Eu (nome de batismo) em Nome da Minha Poderosa Presença EU SOU e da minha Santa Bodhisattva Búdica, ofereço este mantra para que tu vertas a Pérola das Bênçãos Superiores do Rio da Vida com clareza mental e Lucidez, para que eu flua na minha existência como as águas que jorram e não permaneça parada, fazendo a purificação necessária e retirando toda dor ou sentimento de mágoa, ressentimento, raiva, ódio ou qualquer outro sentimento negativo, para que eu cumpra meu plano divino. Receba e envie também milhares de raios de Luz a todas os seres sencientes que necessitem da Vossa Assistência e Compaixão, Divina Mãe, manifestando a perfeição em mim e em todos, fazendo fluir ainda uma corrente de Chama Lavanda como um caudal de Purificação e de Proteção sobre nós e todos os filhos e filhas de Deus, segundo a Santa Vontade de Buda. Assim Seja.

Mantra completo: *Wo Xiang Long Jian Guan Yin Kou Tou*
Pronúncia: *Wha Chiang Lohng Jen Gwan Yin Koe Toe* (3x) *OM*
Mantra resumido: *Na-Mo Lung Chien Kuan Yin*
Pronúncia: *Nah-Mo Lohng Jyen Guan Een*
Significado: Homenagem ao nome Sagrado de Kuan Yin das Cachoeiras.

---

20. A morada mítica da Bodhisattva é o Palácio que fica no Monte Potalaka, cujo nome é Palácio de Potala, que não está nessa Montanha Vermelha, a mais de 3000 m de altitude, bem no coração da Lhasa, capital do Tibete, na China. Este Palácio foi construído no Século 17 como a Casa do Dalai Lama também foi pensado para ser o Paraíso de Kuan Yin. Também há o histórico que Ela se encontra na Ilha Pu Shan T'o onde responde a todas as orações que lhe são dirigidas.

PÉROLA 9
Kuan Yin da Medicina

Nome chinês: Shi Yao Kuan Yin

Significado: a que dá remédios – que é a Doadora de toda a cura, dos remédios, e da medicina em todos os níveis.

Palavras-chave: medicina espiritual, alívio de dores, caridade, sacrifício e bênçãos em geral.

    A representação desta Pérola nos fala da salvação de nossas vidas e de nossas almas. Ela nos ensina a sermos caridosos e carinhosos com todas as formas de vida, independentemente de qual seja, e a realizar algum sacrifício, por menor que possa ser, em prol de nossos semelhantes.

    Percebemos ainda nesta Pérola, que ela se encontra ao lado de um lago maravilhoso, olhando amorosamente para os lótus próximos, com uma mão colocada sobre o joelho esquerdo e a

As manifestações básicas de Kuan Shi Yin

outra, a mão direita, bem próxima ao rosto ou à bochecha, como se estivesse em profunda contemplação.

O *Sutra do Lótus* nos revela uma simbologia que quando os seres humanos sencientes se encontram em tremenda dificuldade e angústia e sujeitos a ciclos intermináveis de sofrimento, por intermédio da maravilhosa e esplendida Sabedoria da Avalokiteshvara todo e qualquer sofrimento pode ter fim com o alívio completo da dor e, assim, ocorrer total salvamento. Quando Ela surge no céu aparece como um verdadeiro Sol, com muita Luz.

Kuan Yin traz, oferece e nos dá a Medicina Espiritual. Ela é a doadora de todas as curas e de todos remédios em todos os níveis e trabalha com todas as questões e problemas de saúde, sendo utilizado seu mantra para abençoar a água que bebemos e as águas do Planeta e para que recaia benção sobre os medicamentos que tomamos.

Com esta Pérola, Ela nos oferece tanto a Medicina que possui, que dá completude ao nosso ser, que é incompleto, com a cura psicológica, física, mental e emocional (ou astral), como tudo o que necessitamos para esta ação curadora, que existe no que chamamos de Presença Eletrônica de Kuan Yin, a Grande Curadora, nos dando a certeza de que a Deusa constantemente pensa em como aliviar o sofrimento de seres sencientes usando sua Sabedoria Ilimitada, dando-lhes a verdadeira felicidade e alegria.

Para se conectar mais com esta manifestação de Kuan Yin faça a seguinte invocação:

> Bem Amada Kuan Shi Yin, Senhora da Compaixão, da Misericórdia, da Piedade Divina, Eu (nome de batismo) em Nome da Minha Poderosa Presença EU SOU e da minha Santa Bodhisattva Búdica, ofereço este mantra para que tu vertas sobre nós tua Pérola das Bênçãos Superiores de Tua Medicina Espiritual, para que flua na minha existência Teu Poder curador no psicológico, mental, físico e emocional, para cumprimento de meu plano divino e sobre todos os seres sencientes Teu jorrar incessante do néctar curador, sobre todos que necessitem da Vossa Assistência e Compaixão, Divina Mãe,

fazendo fluir ainda uma corrente de Chama Lavanda como um caudal de Purificação de todas as dores e angústias que sofremos e a todos os filhos e filhas de Deus, segundo a Santa Vontade de Buda. Assim Seja.

Mantra completo: *Wo Xiang Yu Lan Guan Yin Kou Tou*
Pronúncia: *Wha Chiang Yu Lahn Gwan Yin Koe Toe* (3x) *OM*
Mantra resumido: *Na-Mo Shih Yao Kuan Yin*
Pronúncia: *Nah-Mo She(r) Iow Guan Een*
Significado: Homenagem ao Sagrado Nome de Kuan Yin da Medicina.

PÉROLA 10
Kuan Yin do Cesto de Peixes

Nome chinês: Yu Lan Kuan Yin.

Significado: a com o cesto de peixes, significando abundância, prosperidade, fertilidade, bem como comunidade, amizade e casamento.

Palavras-chaves: domínio das emoções, esperança, equilíbrio e prosperidade infinita.

Esta Pérola indica o símbolo auspicioso dos peixes duplos, alcançado através do domínio da água/emoção em nossas vidas.

A Pérola diz que toda vez que necessitarmos de trabalho, emprego ou assistência material, podemos recorrer à recitação deste mantra específico. Fala também do salvar, vidas e almas, ensinando-nos a sermos gentis com todas as espécies de formas de vida tanto quanto ao próprio sacrifício em benefício de semelhantes.

O nosso corpo emocional, a sede das emoções, faz com que o movimento constante do fluxo das águas interiores venha afetar o equilíbrio do mesmo, não permitindo, assim, que ele possa estar devidamente centrado. Espera-se que aprendamos a pensar com o coração e a governar os nossos sentimentos para que não sejamos arrastados pelas marés das emoções, que, subjugadas pelo amor em equilíbrio com a sabedoria, criam uma aguda impressão de poder ao que a vida não pode resistir. O Corpo Emocional é o Corpo dos Desejos, do Medo, da Vontade e do Sentimento ou Corpo Astral. Este é o grande imã que atrai tudo o que pensamos. Por isso o equilíbrio é recomendado.

Esta Pérola ainda nos indica o símbolo auspicioso dos peixes duplos representando o alcance, trazendo a esperança da ocorrência de bons efeitos, em que há boas consequências ou bons resultados; tudo que é próspero e abundante, em todos os sentidos que é alcançado através do domínio da água, ou seja, o corpo emocional, a vibrante emoção em nossas vidas. É o momento da verdadeira abundância, da fartura predominante.

Esta representação de Kuan Yin está baseada em uma lenda de um devoto e sua filha, Ling Jowl, que carrega um cesto de bambu. Acredita-se que ela era a manifestação de Avalokiteshvara. O cesto de peixes também é o símbolo da fecundidade.

Se pesquisarmos, encontraremos lendas e representações de Kuan Yin como uma pescadora, cujas pinturas retratam traços realistas de uma mulher humilde, trabalhadora, de caráter grande e forte.

O *Sutra do Lótus* nos diz que: "Se há seres sencientes que se depara com *rakshas* malignos, *nagas* venenosos e outros demônios; pelo poder de invocar Avalokiteshvara, imediatamente nenhum deles se atreverá a prejudicá-los".

As manifestações básicas de Kuan Shi Yin

Assim, Kuan Yin surge para salvar os que estão indo em direção ao mal ou *raksha*[21]. Outra forma de aparição é uma imagem representativa Dela sobre um grande peixe, *koi*, com as mãos cruzadas, às vezes segurando um cesto de peixes. O grande peixe *koi* é um símbolo de majestade que submete os *raksas*, *nagas* e demônios à submissão, e o cesto é onde eles estarão contidos.

Para se conectar mais com esta manifestação de Kuan Yin faça a seguinte invocação:

> Bem Amada Kuan Shi Yin, Senhora da Compaixão, da Misericórdia, da Piedade Divina, Eu (nome de batismo) em Nome da Minha Poderosa Presença EU SOU e da minha Santa Bodhisattva Búdica, ofereço este mantra para que tu vertas a Pérola das Bênçãos de Prosperidade, Abundância e Fertilidade e de tudo que eu realizar, para que flua também na minha existência o domínio e o equilíbrio sobre as emoções, cumprindo meu plano divino. Receba e envie também milhares de raios de Luz a todas os seres sencientes que necessitem da Vossa Assistência e Compaixão, Divina Mãe, manifestando a perfeição em mim e em todos, fazendo fluir ainda uma corrente de Chama Lavanda como um caudal de fecundidade sobre nós e todos os filhos e filhas de Deus, segundo a Santa Vontade de Buda. Assim Seja.

Mantra completo: *Wo Xiang Yu Lan Guan Yin Kou Tou*
Pronúncia: *Wha Chiang Yu Lahn Gwan Yin Koe Toe* (3x) *OM*
Mantra resumido: *Na-Mo Yü Lan Kuan Yin*
Pronúncia: *Nah-Mo Iü Lahn Guan Een*
Significado: Homenagem ao Sagrado Nome de Kuan Yin do Cesto de Peixes.

---

21. O nome transliterado Rakshasa (em português, raxasa) é uma raça de seres mitológicos humanoides ou espíritos malignos na religião budista e hindu. O nome vem do sânscrito raksha, "pedir proteção", já que eram seres tão horripilantes que induziam, a quem quer que se deparassem com eles, a pedir proteção. Eram seres abomináveis, canibais e de mente perversa.

PÉROLA 11

Kuan Yin, Rainha do Mérito e da Virtude (ou Rei)

Nome chinês: De Wang Kuan Yin
Significado: Rainha virtuosa que surge como Mahabrahma.
Palavras-chave: Dharma, virtude, mérito e provisão infinita.

Pérola que mostra Kuan Yin, a Rainha Virtuosa, que surge como Mahabrahma, na postura de semilótus sobre uma rocha, segurando um ramo de folha de salgueiro na mão direita e a mão esquerda repousando sobre o joelho esquerdo, denotando calma.

Encontramos no *Sutra do Lótus* o seguinte: "Se existem aqueles seres sencientes que podem ser libertados por Mahabrahma, a Bodhisattva aparecerá nesta forma com o objetivo de ensinar-lhes do Dharma".

As manifestações básicas de Kuan Shi Yin

Quando surge esta Pérola, recebemos o sentimento individual do merecimento, da provisão infinita que vem da Mãe Celestial que é, bem como das doze qualidades e virtudes divinas que devemos manifestar em nossas vidas: Poder Divino, Amor Divino, Mestria Divina, Controle Divino, Obediência Divina, Sabedoria Divina, Harmonia Divina, Gratidão Divina, Justiça Divina, Realidade Divina, Visão Divina e Vitória Divina.

Mahabrahma é o Ser Senciente Primordial e a Divindade Criadora, segundo a fé indiana. Depois que Buda surgiu, ele se tornou na verdade uma "divindade" Guardiã, sendo o Senhor do Reino da Forma, extremamente exaltado pela sua virtude, comparável à própria virtude de Kuan Yin, razão pela qual, nesta manifestação, ela é chamada de Rei Virtuoso.

Esta Pérola de Kuan Yin se refere ao título que lhe foi conferido como um Rei de Arupadhatu[22], que se distinguia pelo mérito e pela virtude. Diz-se que a forma masculina[23] é a chave para a encarnação do Mérito Divino. Quais são seus méritos então? O mestre Ascenso João, o Batista disse: "dar frutos dignos de conversão".

Devemos perguntar a nós mesmos, quais são os méritos que vamos apresentar como frutos ao nosso Mestre?

Esta Pérola nos orienta a refletir, a meditar, para podermos encontrar a resposta, pois o fruto que deveremos apresentar é a Virtude exteriorizada que irá se converter em nossas ações nesta vida. Podemos dizer, os frutos da própria *Etz Chaim* ou "Árvore da Vida".

---

22. Arupadhatu é uma palavra sânscrita que significa "reino da forma ou espaço sem forma". É um termo usado no budismo para se referir à esfera mais elevada da existência e àquela em que o renascimento pode ocorrer. Também conhecida como arupa loka ou mundo sem forma. Este é o plano onde os espíritos puros vivem. É o estágio final antes do estado de pura felicidade conhecido como "Nirvana".
23. Ler o Livro No Coração de Kuan Yin, onde nasce a compaixão, ed. Alfabeto, para melhores esclarecimentos acerca dos aspectos masculino e feminino da Bodhisattva Kuan Yin e sua transformação.

Podemos estudar os ensinamentos dos Sutras dos Livros Sagrados, com eles vamos ter este entendimento mais profundo, para, quando realizarmos nossa oferenda, nossos mantras, que esta ação seja aceitável.

Portanto, os méritos, os conhecimentos constantemente adquiridos que sejam amorosos, devem ser observados e cuidados para que nada possa tirar esse divino fruto de sua Árvore Vivente, impedindo a sua real manifestação, e que possam se multiplicar por intermédio do Buda Vivente, em cada um, incluindo divinos poderes como os que transmitem realização e sucesso em tudo que realizarem, incluindo a habilidade de poder espiritual, que são os *siddhis*[24], as faculdades desses méritos, e que estes atraiam para cada um todas as demais virtudes divinas.

Para se conectar mais com esta manifestação de Kuan Yin faça a seguinte invocação:

> Bem Amada Kuan Shi Yin, Senhora da Compaixão, da Misericórdia, da Piedade Divina, Eu (nome de batismo) em Nome da Minha Poderosa Presença EU SOU e da minha Santa Bodhisattva Búdica pessoal, ofereço este mantra para que tu vertas a Pérola dos Méritos e das Virtudes Divinas, para que minha Árvore da Vida Vivente dê seus frutos no tempo devido, obtenha os *siddhis* e que as qualidades divinas sejam aperfeiçoadas na minha existência para cumprimento do meu plano divino. Receba e envie milhares de raios de Luz a todas os seres sencientes que necessitem da Vossa Assistência e Compaixão, Divina Mãe, manifestando a perfeição em todos, fazendo fluir ainda uma corrente de Chama Lavanda como um caudal de Luz sobre nós e todos os filhos e filhas de Deus, segundo a Santa Vontade de Buda. Assim Seja.

---

24. Siddis é um termo sânscrito que pode ser traduzido como perfeição, realização, sucesso, êxito. São poderes paranormais como descrito nas antigas escrituras.

Mantra completo: *Wo Xiang De Wang Guan Yin Kou Tou*
Pronúncia: *Wha Chiang Duhwahng Gwan Yin Koe Toe* (3x) *OM*
Mantra resumido: *Na-Mo Te Wang Kuan Yin*
Pronúncia: *Nah-Mo Duh Wahng Guan Een*
Significado: Homenagem ao Sagrado nome de Kuan Yin Rainha do Mérito e da Virtude (ou Rei).

12. Kuan Yin da Lua e da Água

PÉROLA 12
Kuan Yin da Lua e da Água

Nome chinês: Shui Yue Kuan Yin

Significado: da lua e da água. Domínio da emoção, o elemento Água. Domínio sobre as imagens e as aparências ou os reflexos falsos e a ilusão.

Palavras-chave: domínio dos sentimentos, da ilusão e da mentira e conquista do Eu sintético.

Esta Pérola traz uma mensagem de amor, a própria intuição superior. Kuan Yin da Lua e da Água, que surge como um Buda Pratyeka[25], de pé sobre uma pétala de lótus flutuando na água com a

---

25. Em sânscrito é composto por duas palavras: prat, ou seja, o prefixo ou a preposição significando "em direção" ou para eka, "o número um", portanto podemos traduzir a composição pela paráfrase "cada um por si".

As manifestações básicas de Kuan Shi Yin

mão esquerda vertendo o néctar da vida e com a direita espargindo com o salgueiro as bênçãos da Compaixão para a vida senciente.

Significa que Kuan Yin tem o domínio sobre o plano astral, sobre o plano das emoções do elemento Água, simbolizado pela Luz e pelo seu reflexo em nosso corpo emocional na própria água, que são as nossas águas interiores. A Lua refletida na água denota um símbolo de insubstancialidade.

Assim, esta Pérola indica que podemos, como Filhos e Filhas do Domínio, nos comprometer a ter controle absoluto sobre o plano astral e sobre toda substância lunar, queremos dizer as energias lunares em nossas consciências e os seus ciclos. Somos influenciados de certa forma pelas fases lunares, quando são amplificados os efeitos das emoções em nossas vidas.

Demonstra também o domínio, a regência sobre os signos de Água, a saber, Câncer, Escorpião e Peixes, motivo pelo qual tem íntima influência reguladora tanto do sistema linfático quanto na própria regulagem do ciclo menstrual.

Podemos, portanto, encontrar artistas chineses que representam Kuan Yin em profunda concentração e meditação, olhando para este reflexo da Lua na água, como esta Pérola demonstra. A frase "Água-Lua" representa para o budismo que todo o fenômeno é uma ilusão, um espelho, como a própria Luz refletida na água.

Desta maneira, esta Pérola de Kuan Yin vem dizer que a meta que se deve possuir e ter, inclusive para a evolução espiritual, é vencer a ilusão, o engano e a mentira para alcançar a Sabedoria Transcendente.

A orientação é no sentido de que, assim como a Luz é refletida na superfície da água, nós sabemos que debaixo dela, do

---

O Buda Pratyeka, é aquele que alcança a condição de Buda por si mesmo, em vez de sentir o chamado do Amor Todo-Poderoso para retornar e ajudar aqueles que foram menos longe, avança para a luz superna - passa adiante e entra na felicidade indizível do nirvana. Embora exaltado, ele não se classifica com a sublimidade indescritível do Buda da Compaixão.

chamado corpo dos desejos, que é o corpo emocional, portanto da água, se esconde toda a forma de monstros marinhos, dragões do não ser e, assim, devemos saber que, ou o mar desse sentir está turbulento, ou este mar está calmo, e que debaixo deste mar se escondem nossas próprias criações do não ser de todos os ciclos de existência. Podemos conquistar tudo isso nos conectando com o Amor Divino de Kuan Yin.

Como vemos na imagem, Kuan Yin tem o mesmo significado que Avalokiteshvara Dakasri[26] da Mandala Garbhakosa.

O *Sutra do Lótus* diz que: "Se existem aqueles que podem ser libertados por um Buda Pratyeka, o Bodhisattva aparecerá nesta forma para ensinar-lhes o Dharma".

Um Buda Pratyeka é um santo silencioso que é iluminado ao realizar os 12 elos causais da existência. Demonstra-se que esta forma do Buda Pratyeka é capaz de perceber a verdade da Origem Dependente olhando a Lua e observando seu reflexo na água.

Para a conexão com seu Amor Infinito, para conquistar o Eu irreal, ou seja, o não ser, tendo isto como meta, podemos utilizar o mantra, visualizando Kuan Yin da Lua e da Água sobre nosso Plexo Solar à medida que o entoamos, depois de realizar este decreto:

Bem Amada Kuan Shi Yin, Senhora da Compaixão, da Misericórdia, da Piedade Divina, Eu (nome de batismo) em Nome da Minha Poderosa Presença EU SOU e da minha Santa Bodhisattva Búdica pessoal, ofereço este mantra para que tu vertas a Pérola do Domínio sobre o plano astral, a ilusão e a mentira, apaziguando minhas emoções, conquistando o Eu irreal, sintético, robótico e chegando à Sabedoria Transcendente, e que as demais qualidades divinas sejam aperfeiçoadas na minha existência, cumprindo meu plano divino. Receba e envie milhares de raios de Luz a todos os seres sencientes

---

26. Este Avalokiteshvara Dakasri encontra-se com sua imagem na Mandala Garbhakosa onde estão todos os Bodhisattva. Ele aparece incorporado neste grande grupo não estando associado à expansão das águas ou com o luar, porém deixa verter, cair água do lótus ou jorrar de suas mãos.

que necessitem da Vossa Assistência e Compaixão, Divina Mãe, manifestando a perfeição em todos, fazendo fluir ainda uma corrente de Chama Lavanda como um caudal de Luz sobre nós e todos os filhos e filhas de Deus, segundo a Santa Vontade de Buda. Assim Seja.

Mantra completo: *Wo Xiang De Wang Guan Yin Kou Tou*
Pronúncia: *Wha Chiang Duhwahng Gwan Yin Koe Toe (3x) OM*
Mantra resumido: *Na-Mo Shui Yüeh Kuan Yin*
Pronúncia: *Nah-Mo Shway Yü-eh Guan In*
Significado: Homenagem ao Sagrado Nome de Kuan Yin da Lua e da Água.

PÉROLA 13
Kuan Yin da Simples Pétala

Nome chinês: Yi Ye Kuan Yin

Significado: a de uma pétala – a que simboliza o todo através de uma parte do todo, porque cada parte tem o todo contido nela.

Palavras-chave: auxílio, o uno e o múltiplo, reverência, salvamento e neutralização.

Esta Pérola vem nos mostrar que Kuan Yin aparece como um verdadeiro Ministro. Aqui podemos vê-la sobre uma simples folha, viajando no espaço, abençoando a terra com as Águas da Criação e segurando um botão do Lótus, que é o florescer.

O *Sutra de Lótus* diz que: "Se houver seres sencientes lavados por grandes águas, flutuando impotentes no dilúvio; pelo poder de invocar Avalokiteshvara, eles serão capazes de alcançar áreas rasas".

As manifestações básicas de Kuan Shi Yin

A veneração desta forma de Kuan Yin ocorre por sua capacidade de se deslocar para qualquer lugar com intuito de ajudar as vítimas de desastres com o elemento Água. Nesta Pérola, podemos ver Ela flutuando sobre a água em cima de uma folha. Temos aqui que isso significa a unificação e a própria unidade. Assim, esta Pérola nos indica que necessitamos apenas da Lei do Uno, a Pérola única de grande preço, ou seja, uma só folha, não milhares, o que quer nos dizer que não precisamos adquirir cada vez mais bens mundanos, mas somente uma única folha da nossa *Etz Chaim*, ou Árvore da Vida Vivente, que vem até nós por intermédio da Divina Presença EU SOU.

Pérola que nos leva a prestarmos mais atenção ao que diz o *Sutra do Lótus*, ao prometer que Kuan Yin protegerá todos aqueles que caem no mar das ilusões, no mar astral das emoções, pois, quando desejamos ou tememos algo que nos tira a nossa paz e a tranquilidade do nosso corpo emocional, estamos no caminho errado, devemos parar imediatamente, pois é decorrente daí que todos os sofrimentos advém. Devemos, portanto, clamar à Deusa para sermos salvos do sofrimento, da dor, da calamidade e do desastre em nossas vidas.

Saibam que uma única folha também está nos indicando a uma página de Sutras Budistas, pois sabemos que os antigos manuscritos foram escritos amarrando folhas de palmeiras com cordas, portanto, devemos compreender que em uma única página do Sutra, somente uma página, que contenha a declaração da Lei Divina, vai conter, por sua vez, todas as declarações dessa mesma Lei, e isso, por si só, já é suficiente. Uma única página escrita no Livro da Vida para a salvação, um único gesto, uma única ação justa, correta, é a resposta.

Kuan Yin demonstra com esta Pérola a expressão e a vinda da simplicidade, da humildade e da prática de reverência por seu intermédio.

Vejamos com o olhar de nossa mente a Amada Kuan Yin, oferecendo-lhe adoração, recebendo-a em nosso coração sem quaisquer reservas que sejam, para que assim possamos neutralizar os efeitos nocivos de toda a espécie de antipatia ou leve desagrado contra Ela na figura desta Mãe Divina, bem como para neutralizar toda a espécie de força subconsciente que possa existir, quer seja em desfavor, contra ou ante o Pai, o Filho, e o Espírito Santo, Buda ou Palavra Divina. Assim, ao recebermos a Mestra neste exato momento em que oramos, Ela deslocará Forças de Luz de seu Coração Divino, o que fará com que tenhamos como fazer frente a todas as coisas em nossas vidas, quaisquer que sejam elas.

Para se conectar mais com esta manifestação de Kuan Yin faça a seguinte invocação:

Bem Amada Kuan Shi Yin, Senhora da Compaixão, da Misericórdia, da Piedade Divina, Eu (nome de batismo) em Nome da Minha Poderosa Presença EU SOU e da minha Santa Bodhisattva Búdica pessoal, recebo-a em meu coração e ofereço este mantra para que tu vertas a Pérola de tua simples pétala, como a simplicidade, unidade e reverência para que compreendamos a essência do Tudo e do Todo, neutralizando os efeitos nocivos de toda a espécie de antipatia ou leve desagrado, medo, toda a espécie de força subconsciente que possa existir contrária à Luz, e desloque Forças de Luz de seu Coração Divino para nos oferecer a paz que ultrapassa todo entendimento humano, e que as qualidades divinas sejam aperfeiçoadas na minha existência, cumprindo meu plano divino. Receba e envie milhares de raios de Luz a todas os seres sencientes que necessitem da Vossa Assistência e Compaixão, Divina Mãe, manifestando a perfeição em todos, fazendo fluir ainda uma corrente de Chama Lavanda como um caudal de Luz sobre nós e todos os filhos e filhas de Deus, segundo a Santa Vontade de Buda. Assim Seja.

Mantra completo: *Wo Xiang Yi Ye Guan Yin Kou Tou*
Pronúncia: *Wha Chiang Yeeyeh Gwan Yin Koe Toe* (3x) *OM*
Mantra resumido: *Na-Mo I Yeh Kuan Yin*
Pronúncia: *Nah-Mo Ee Yeh Guan Een*
Significado: Homenagem ao sagrado nome de Kuan Yin de uma folha.

PÉROLA 14
Kuan Yin do Pescoço Azul

Nome chinês: Qing Jing Kuan Yin

Significado: a do pescoço azul, que pacifica todos os venenos – mentais, emocionais e físicos.

Palavras-chave: aliviar faltas, prolongar vida útil, correção do falar e transmutação dos venenos.

Esta Pérola nos traz a Kuan Yin que tem o chamado "pescoço azul". Nesta revelação há um benefício incomensurável para todo aquele que tem como vibração, como raio de Missão, o 1º Raio Divino[27], ou tenha que atuar neste raio. A Pérola nos indica que devemos visualizar o penetrante Azul Safira, a verdadeira joia

---

27. Para melhores esclarecimentos leia o livro *O Seu Raio Cósmico de Missão*, de Márcos Latàre e Valdiviáh Lâtare. Editora Alfabeto, 5ª edição, 2023.

do Chacra da Garganta, desde o coração, que vem de El Morya, conectado com o coração Lavanda de Kuan Yin, do coração de nosso Santo Ser Búdico, na medida em que podemos visualizar com o olho da mente o fogo ardente da Divina Vontade de Deus nos envolvendo e a todas as circunstâncias de nossa existência. Aqui temos a afirmação de que Kuan Yin nos levará e nos ajudará com os aspectos da realização de nossa Mestria Divina, mesmo no Chacra da Garganta que possui 16 pétalas. Esta litografia tem uma origem, a sua manifestação tem algumas derivações, tanto que alguns pesquisadores e eruditos budistas atribuem esta forma dela se fazer presente para os seres sencientes seguindo o modelo do Senhor Shiva.

Isto porque a lenda existente é de que este Senhor salvou o mundo da destruição, quando deuses e demônios agitavam as ondas do oceano ao engolir o veneno do Senhor das Serpentes. Se Shiva tivesse engolido este veneno e chegasse ao seu estômago teria sido o fim. Porém, o veneno permaneceu sem ser ingerido, causando uma mancha azul em sua garganta.

Esta manifestação de Kuan Yin tem a mesma conotação da Avalokiteshvara Nilakantha, cujo significado é exatamente "garganta azul"[28] e está fortemente associado à Shiva.

Desta forma, ela nos orienta a não engolir os venenos mortais que vem do mental, do emocional, do psicológico e que pode atingir o físico. E nos orienta a apaziguar tudo, buscando a direção da

---

28. A "garganta azul" também está relacionada a um antigo mito indiano de "agitar o oceano de leite" (samudra manthan ou Kheer sagar) – uma disputa entre devas e asuras – com o objetivo de produzir amrita, o néctar da imortalidade. Existem várias versões desta história, mas em algumas amrita fica envenenada (pelos asuras). A fim de impedir que toda vida seja destruída, alguém a bebe. Em algumas versões é Shiva que bebe. Nas lendas budistas Vajrapāni ou Avalokiteshvara, fica com a "garganta azul" ao beber ou, no caso de Vajrapāni, todo corpo. Daí o nome azul (nila) garganta (kantha). Observem que o pavão tem garganta azul, isso porque ocasionalmente ele come cobras e é considerado imune ao veneno.

amada Kuan Yin, atando o poder de nosso Chacra Laríngeo, pois é por intermédio dele que o Verbo Divino é liberado, principalmente quando realizamos mantras a Ela dirigidos de acordo com suas aparições ou manifestações. Deve-se acreditar na absoluta Chama Azul Da Vontade Divina, que é nossa proteção total, incluindo a de todo tipo de veneno.

Qing Jing Kuan Yin diz para nos acautelarmos do envenenamento da mente, dos sentimentos (é, com certeza, a ferramenta mais perigosa da força sinistra do caminho individual), porque a esfera das emoções, das águas interiores em movimento, ao envenenar a alma, o fervor, a devoção e todo ardor dela pela Divindade, são desta forma comprometidos e, portanto, colocam o ser senciente, a alma, em uma posição de extremo comprometimento ao sofrer o mesmo perigo desse veneno quase até a morte. Isto envolverá todas as situações da vida, não só o aspecto do corpo, mas tudo que se refira a existência do ser.

Deve-se atentar que o verdadeiro poder de Kuan Yin será então liberado com a atuação do mantra desta Pérola, que poderá ser utilizado antes de participar ou de realizar uma palestra, discurso, uma reunião de negócios ou mesmo na eminência do início de um novo ciclo em sua vida. À medida que realizar este mantra, em associação com o Senhor do 1º Raio, El Morya[29], a sua Chama Azul auxiliará, de certa forma, a transmutação de todo aquele uso que pode ter sido feito do fogo sagrado do Chacra da Garganta, o que bem próximo pode ser a causa dos acontecimentos em sua vida.

O *Sutra do Lótus* diz que: "Se há aqueles que podem ser libertados por um Buda, o Bodhisattva aparecerá nesta forma para ensinar-lhes o Dharma".

Nesta forma, ela é venerada por sua capacidade de curar doenças, aliviar pecados e prolongar a vida útil, engolindo as

---

29. El Morya, Regente do 1º Raio Cósmico. Para saber mais, leia o livro *O Seu Raio Cósmico de Missão*, de Márcos Latàre e Valdiviáh Lâtare. Editora Alfabeto, 5ª edição, 2023.

impurezas de seres sencientes na garganta, tornando-a escura. É por isso que Kuan Yin às vezes é chamada e conhecida como "a do pescoço azul".

Para chegar aos objetivos que esta Pérola nos diz, podemos demonstrar a Kuan Yin nossa admiração por Ela, proferindo esta oração e mantra respectivo e, à medida que realizamos, visualizamos Ela mesclando seu rosto com o do Mestre El Morya, quando Ele diz a Ela que não podem e não devem falhar com os seres sencientes; estas palavras são ditas no esforço e na dedicação por ajudar todos os que se encontram no Planeta Terra.

Para se conectar mais com esta manifestação de Kuan Yin faça a seguinte invocação:

Bem Amada Kuan Shi Yin, Senhora da Compaixão, da Misericórdia, da Piedade Divina, Eu (nome de batismo) em Nome da Minha Poderosa Presença EU SOU e da minha Santa Bodhisattva Búdica pessoal, recebo-a em meu coração e ofereço este mantra para que tu vertas a Tua Pérola de apaziguamento dos venenos mortais, os emocionais, mentais ou psicológicos e espirituais, e que a joia do meu Chacra da Garganta brilhe o Azul Safira como proteção infinita, e que seja todo mal uso do Poder do Verbo, da Palavra falada, transmutado, para que tenhamos tudo que necessitamos, e que as qualidades divinas sejam aperfeiçoadas na minha existência, cumprindo meu plano divino. Receba e envie milhares de raios de Luz a todas os seres sencientes que necessitem da Vossa Assistência e Compaixão, Divina Mãe, manifestando a perfeição em todos, fazendo fluir ainda uma corrente de Chama Lavanda como um caudal de Luz sobre nós e todos os filhos e filhas de Deus, segundo a Santa Vontade de Buda. Assim Seja.

Mantra completo: *Wo Xiang Qing Jing Guan Yin Kou Tou*
Pronúncia: *Wha Chiang Chin Jing Gwan Yin Koe Toe (3x) OM*
Mantra resumido: *Na-Mo Ch'ing Ching Kuan Yin*
Pronúncia: *Nah-Mo Ching Jing Guan Een*
Significado: Homenagem ao Sagrado Nome de Kuan Yin do Pescoço Azul.

PÉROLA 15

Kuan Yin da Virtude Majestosa

Nome chinês: Du Wei Kuan Yin

Significado: Poderosa e virtuosa Kuan Yin.

Palavras-chave: reverência, respeito, pedido, fonte da vida e preenchimento de luz.

Esta Pérola nos revela a manifestação de Kuan Yin como um General Celestial. Representação que mostra a Deusa sentada em uma rocha olhando para baixo, para a água, com uma mão colocada no chão e a outra segurando um caule com a flor de lótus.

O *Sutra do Lótus* diz que: "Se há aqueles que podem ser libertados por um General Celestial, o Bodhisattva aparecerá nesta forma para ensinar-lhes o Dharma".

Esta forma é venerada por sua capacidade de comandar a reverência e o respeito entre todos os seres sencientes com seus poderes majestosos.

Pedir é a chave para abrir as portas. O poder espiritual de Kuan Yin estabelece a condição do realizar, do fazer, entretanto, o pedido tem que ser feito, pois nenhum Ser de Luz está autorizado a agir sem ser permitido por quem irá receber.

Olhando para esta Pérola podemos ver que, assim como Kuan Yin, os dragões vivem nas águas e nos céus. Eles surgem das profundezas, de fontes e poços, rios e pântanos, lagos e oceanos, guardam os tesouros do mar e sustentam as habitações dos deuses. São os dragões guardadores de tesouros que deram a Kuan Yin sua Grande Pérola da virtude majestosa. Esses poderes animais ainda estão conosco em sonhos e visões como representantes das fontes da vida. Eles falam com vozes gigantescas. São os motores do mundo.

Na imagem, vemos um dragão do mar sob os pés de Kuan Yin, ele é seu veículo, entre as ondas – revelando que Ela trabalha em cooperação com as forças elementares e os poderes de transformação. No verter das águas criativas e curativas vemos o lótus sendo nutrido com a essência da vida, não nascendo do lodo, mas da essência límpida do poder que dá o florescer e que se transmite a todo ser senciente pela benção da amada Bodhisattva.

O pássaro carregando seu rosário de pérolas vem para nos indicar a chegada da possibilidade da iluminação pessoal, bem como para iluminar os caminhos. Kuan Yin oferece sua ajuda porque Ela, como a que ouve os prantos do mundo e dos seres sencientes, está exibindo a Lótus como o processo para a limpeza energética e purificadora, para quem desejar chamar pelo seu auxílio amoroso e compassivo.

Nesta manifestação, Kuan Yin nos protege de toda opressão e, especificamente, de autoridades opressoras que de alguma forma nos deixa sob a pressão emocional física e mental. Ela nos dá o norte a ser usado, isto é, focaliza as nossas energias em pura expansão, mas de forma positiva, que causa o bem, para, assim, lançar esta luz criativa em direção aos nossos objetivos.

Nada no Universo acontece por acaso ou simplesmente por desejo. Ninguém pode fazer o que a nos compete. Devemos desempenhar os papéis que esperamos que a vida desempenhe. Por isso, podemos pedir, meditar, refletir, ter um foco e buscar a criação, utilizando as ferramentas que temos em mãos.

Os mantras são chaves para o coração dos seres divinos, como o são para Kuan Yin. Tendo eles a chave para abrir a porta do coração da Bodhisattva, então eles penetram em todo o ser daquele que o faz. Torna-se a chave da plenitude dela.

Visualize, então, após a oração, que sua vida está sendo preenchida, sentindo todo seu corpo cheio de Luz, enquanto realiza o mantra. Assim, o Poder e a Virtude dela se manifestam em sua capacidade plena de trazer amor e compaixão infinitos a todos os seres sencientes.

Para se conectar mais com esta manifestação de Kuan Yin faça a seguinte invocação:

> Bem Amada Kuan Shi Yin, Senhora da Compaixão, da Misericórdia, da Piedade Divina, Eu (nome de batismo) em Nome da Minha Poderosa Presença EU SOU e da minha Santa Bodhisattva Búdica pessoal, recebo-a em meu coração e ofereço este mantra para que tu vertas a Tua Pérola de Tua Virtude Majestosa, para que eu possa preencher o vazio existente em minha vida, dando-me assim plenitude e purificação energética, preenchendo meu corpo com Tua Sublime Luz. Peço, ainda, que as qualidades divinas sejam aperfeiçoadas na minha existência, cumprindo meu plano divino. Receba e envie milhares de raios de Luz a todas os seres sencientes que necessitem da Vossa Assistência e Compaixão, Divina Mãe, manifestando a perfeição em todos, fazendo fluir ainda uma corrente de Chama Lavanda como um caudal de Luz sobre nós e todos os filhos e filhas de Deus, segundo a Santa Vontade de Buda. Assim Seja.

Mantra completo: *Wo Xiang Wei De Guan Yin Kou Tou*
Pronúncia: *Chiang Way Duh Gwan Yin Koe Toe* (3x) *OM*
Mantra resumido: *Na-Mo Wei Te Kuan Yin*
Pronúncia: *Nah-Mo Way Duh Guan Een*

PÉROLA 16
Kuan Yin que Prolonga a Vida

Nome chinês: Yan Ming Kuan Yin
Significado: a que dá longevidade.
Palavras-chave: força vital, saúde, reflexão e extensão da vida.

Pérola que nos revela Kuan Yin descansando atrás de uma rocha com uma mão colocada na bochecha em contemplação e a outra descansando sobre a pedra. Ela usa uma preciosa coroa com o Buda Amitabha, manifestado acima, cujo corpo é de uma cor amarela profunda.

O *Sutra do Lótus* diz que: "Se houver seres scientes atormentados por maldições e venenos, com a intenção de causar danos corporais, pelo poder de invocar Avalokiteshvara, eles serão devolvidos aos remetentes originais".

Essa forma de Kuan Yin é venerada, pois ela é capaz de proteger os seres scientes dos danos causados por todas as maldições e venenos, prolongando assim sua vida útil, não só na quantidade, mas também na qualidade de vida e força vital.

A lâmina nos ensina que, independentemente da turbulência, podemos ter um momento de descanso para refletir e meditar sobre tudo o que é bom e sobre tudo que ocorreu em nossas vidas e que foi gratificante e nos preencheu a existência. A meditação nos ajuda a ter proporcionalidade, equilíbrio e harmonia.

O brilho que o Sol emana nos reabastece da energia divina, e sempre podemos renascer com a esperança maior.

Kuan Yin nos demonstra com esta Pérola, estando em posição de lótus com a mão apoiando o rosto, que podemos acariciar nosso eu interior e refletir a respeito. Podemos transformar qualquer situação, transmutando as energias e enviando Luz para todos e para o Planeta.

Quando entoamos este seu mantra, com fé, dedicação, respeito e reverência à Kuan Yin, podemos receber um tempo adicional de vida, com qualidade e não só quantidade, limitando-se em até 10 anos.

Porque Kuan Yin, a Divina Intercessora, é componente do Conselho ou Tribunal Cármico e expressa em um dos pratos da balança Divina a Misericórdia Suprema, a Compaixão Infinita. O tempo vai depender de alguns fatores determinantes.

Todo aquele que desejar buscar a longevidade e pedir a Kuan Yin, realizando seu mantra, não pode esquecer de pedir que esta extensão de vida seja com saúde, felicidade e abundância infinitas, uma vez que, todo aquele que ganha esta dádiva não quer, por motivos óbvios, viver em sofrimento.

Esta Pérola vem revelar como podemos auxiliar Kuan Yin a estender nossa longevidade, sendo necessária também a realização de boas obras que possam justificar o prolongamento da vida, a permanência na matéria e em encarnação física para, desta forma, ir além do que foi trazido com a condição cármica com a qual entrou na vida.

Trata-se de uma espécie ou de uma forma, se assim podemos dizer, de acordo com que se faz no caminho espiritual, sendo que os verdadeiros trabalhadores fazem por merecer o acréscimo para servir ao Senhor, para, desta maneira, criar e incrementar bons carmas, mantendo-o em equilíbrio tal qual os pratos da balança cósmica do carma.

Importante saber também que esta manifestação de Kuan Yin revela quando boas obras são acompanhadas, cooperando com elas e conduzindo a uma vida saudável, com uma existência moral sadia, inclusive observando uma dieta correta, tanto alimentar como em matéria de sentimentos, pensamentos e palavras. Isso tudo contribui com a força corporal, inclusive para o trabalho. Tudo que for realizado de forma correta conduzirá à verdadeira purificação corporal, livrando dos sofrimentos e dores, dando suporte ao coração humano e, subsequentemente, a todos demais órgãos e sistemas.

Outra indicação e revelação é que Kuan Yin fará a parte que lhe compete, mas devemos nos perguntar quais seriam as causas das mortes de pessoas em acidentes dos mais variados, inclusive nas estradas. Pode-se ter como resposta que fora a inobservância de cuidados necessários, como um cinto de segurança ou excesso de velocidade, sem causas cármicas, mas pela simples negligência.

Por outro lado, chega o dia em que o coração não pode suster o corpo em decorrência das causas provocadas pela alimentação impura ou por uma vida desenfreada, portanto, o corpo passa a não ter condições de alojar a alma. Para prolongar nossas vidas também, em comunhão com o trabalho de Kuan Yin a nível espiritual, é importante observar tudo isso, evitando sobrecarga ao coração físico que trabalha neste estágio da matéria; isto é de suma importância.

Ao refletir sobre esta Pérola, pense sobre isto. Os chineses desejam, por vários ciclos, uma vida extensa. No ocidente, quando alguém espirra se diz: "Deus te abençoe", porém, a resposta dos

As manifestações básicas de Kuan Shi Yin

chineses é: "Que vivas até ter cem anos". Podemos então dizer da mesma forma: "Que vivas até cem anos como uma Bodhisattva no caminho espiritual, assim como os sábios que se colocam e permanecem no caminho, seguindo a pé, quando todos, enlouquecidos, não sabem a direção e lhes aponta a direção aqueles que chegam, os filhos da Luz que seguirão os sinais dados pelos séculos. Desta forma, podemos invocar a Kuan Yin para uma vida com qualidade suprema.

A Luz que recebemos pela Bodhisattva devemos compartilhar com nossos semelhantes. E devemos, também, auxiliar Kuan Yin em seu trabalho para chegarmos ao processo de Ascensão pela Iluminação Sagrada.

Para se conectar mais com esta manifestação de Kuan Yin faça a seguinte invocação:

> Bem Amada Kuan Shi Yin, Senhora da Compaixão, da Misericórdia, da Piedade Divina, Eu (nome de batismo) em Nome da Minha Poderosa Presença EU SOU e da minha Santa Bodhisattva Búdica pessoal, recebo-a em meu coração e ofereço este mantra para que tu vertas a Tua Pérola de longevidade para minha vida com qualidade, a fim de que possa realizar boas obras, para que possa purificar meus corpos, incrementar bons carmas, libertando-nos das maldições e dos venenos, e que as qualidades divinas sejam aperfeiçoadas na minha existência, cumprindo meu plano divino. Receba e envie milhares de raios de Luz a todas os seres sencientes que necessitem da Vossa Assistência e Compaixão, Divina Mãe, manifestando a perfeição em todos, fazendo fluir ainda uma corrente de Chama Lavanda como um caudal de Luz sobre nós e todos os filhos e filhas de Deus, segundo a Santa Vontade de Buda. Assim Seja.

Mantra completo: *Wo Xiang Yan Ming Guan Yin Kou Tou*
Pronúncia: *Wha Chiang Yen Ming Gwan Yin Koe Toe* (3x) *OM*
Mantra resumido: *Na-Mo Yen Ming Kuan Yin*
Pronúncia: *Nah-Mo Yen Ming Guan Een*
Significado: Salve! Kuan Yin que estende a vida.

PÉROLA 17

Kuan Yin de Todos Tesouros

Nome chinês: Zhong Bao Kuan Yin

Significado: a que traz tesouros de todos os tipos, incluindo os tesouros escondidos dos ensinamentos e bênçãos.

Palavras-chave: bençãos, fortificação interior e proteção.

A vinda desta Pérola nos mostra Kuan Yin repousando tranquila sobre uma rocha costeira olhando calmamente e em contemplação para o mar e para o vai e vem das ondas e das marolas, com uma das mãos colocada sobre o chão da rocha, apoiando firme, e a outra descansando sobre o joelho direito.

Encontramos no *Sutra do Lótus* que: "Se existem aqueles que podem ser libertados por um Ancião, o Bodhisattva aparecerá nesta forma para ensinar-lhes o Dharma".

As manifestações básicas de Kuan Shi Yin

Buda neste Sutra descreve o Poder Salvador de Kuan Yin, dizendo:

> Que se miríades de milhões de seres viventes entram no grande mar e buscam ouro, prata, vaidurya[30], concha de almeja gigante, ágata, coral, âmbar, pérola ou outras pedras preciosas, inclusive se um vento negro soprar levando seu barco embora, submergindo-o no reino fantasma de *Rakshasa*, que é o mal dos demônios malignos, e se há entre eles um homem que invoque o nome da Bodhisattva, a que observa os sons do mundo, Kuan Shi Yin, esses homens serão resgatados dos problemas causados pelos *Rakshasas*.

Por isso ela é chamada de "Observadora dos sons do mundo". Temos a referência como "Ela" sendo a manifestação de Avalokiteshvara.

Esta Pérola nos diz ainda que, se o nome de Kuan Yin for recitado desta maneira, isto nos dá a vitória para reter e conservar todos os tesouros espirituais, sem se importar como as falsas hierarquias e os anjos que não são de luz possam intentar contra cada um de nós em nossa busca por esses tesouros, que são grandes e pequenas joias seladas em nossos chacras, que, por sua vez, refletem essa Luz. Portanto, é o momento de buscar, encontrar e recolher as joias à medida que internalizamos o entendimento da plenitude da Verdade.

Esta Pérola de Kuan Yin nos diz que aplicando em nossa vida tais ensinamentos, não permitiremos que o grande vento negro, que vem soprado pelas energias nefastas dos que são antiluz, possa nos tirar essas riquezas e impedir que sejam seladas e seguras definitivamente em nossos chacras ou inclusive nos tirar a alma do caminho de Luz.

Esta manifestação de Kuan Yin nos indica a proteção Dela, pois assim é venerada por sua capacidade de proteger seres sencientes que buscam tesouros contra danos que possam ocorrer, caso

---

30. Nome sânscrito dos minerais usados para pedras preciosas.

encontrem *rakshas* em terras desconhecidas. Isso significa que todo aquele que busca o enriquecimento e se enverada por caminhos tortuosos, perigosos, que contrariam as Leis Divinas para obter bens materiais, podem encontrar muitos inimigos e serem traídos pela disputa de outros que tenham os mesmos objetivos.

Entretanto, se clamarem pela ajuda de Kuan Yin e seguirem o caminho certo, reto, encontrarão amigos que os auxiliarão em fraternidade e expressarão o real sentido da amizade verdadeira, e todo empecilho ou obstáculo que possa causar qualquer dano poderá ser revertido para o bem pela proteção da Avalokiteshvara.

Para quem busca o caminho na espiritualidade, Kuan Yin oferece a oportunidade para proteção e fortificação interior. Quando eventualmente saímos do caminho ou do curso que traçamos, podemos orar para que possamos vencer e ser a diferença para muitas pessoas.

Que este seja seu mantra. Vamos perceber como Ela protegerá cada ser desta *sangha* de Buda.

Para se conectar mais com esta manifestação de Kuan Yin faça a seguinte invocação.

Bem Amada Kuan Shi Yin, Senhora da Compaixão, da Misericórdia, da Piedade Divina, Eu (nome de batismo) em Nome da Minha Poderosa Presença EU SOU e da minha Santa Bodhisattva Búdica pessoal, recebo-a em meu coração e ofereço este mantra para que tu vertas a Tua Pérola de Todos os Tesouros, ajudando-me a ter a Vitória para reter e conservar os tesouros espirituais e selá-los em meus chacras, assim refletindo tua Luz de Misericórdia e Compaixão, trazendo tuas bênçãos e fortificação interior, bem como que as qualidades divinas sejam aperfeiçoadas na minha existência cumprindo meu plano divino. Receba e envie milhares de raios de Luz a todas os seres sencientes que necessitem da Vossa Assistência e Compaixão, Divina Mãe, manifestando a perfeição em todos, fazendo fluir ainda uma corrente de Chama Lavanda como um caudal de Luz sobre nós e todos os filhos e filhas de Deus, segundo a Santa Vontade de Buda. Assim Seja.

As manifestações básicas de Kuan Shi Yin

Mantra completo: *Wo Xiang Zhong Bao Guan Yin Kou Tou*
Pronúncia: *Wha Chiang Djuhng Bao Gwan Yin Koe Toe (3x) OM*
Mantra resumido: *Na-Mo Chung Pao Kuan Yin*
Pronúncia: *Nah-Mo Johng Bou Guan Een*
Significado: Homenagem ao Sagrado Nome de Kuan Yin de todos os tesouros.

18. Kuan Yin da Caverna Rochosa

PÉROLA 18
Kuan Yin da Caverna Rochosa

Nome chinês: Yan Hu Kuan Yin

Significado: a da Câmara Secreta – a Kuan Yin tem domínio sobre a caverna do subconsciente e inconsciente.

Palavras-chave: vitória, introspecção e domínio dos pensamentos.

Ao surgir esta Pérola, Kuan Yin vem representar a proteção de cobras e escorpiões. Vemos Kuan Yin em forma de meditação sobre uma rocha no interior de uma caverna, olhando para baixo, para água.

Lendo o *Sutra do Lótus* encontramos assim: "Se houver cobras e escorpiões respirando veneno como fogo enfumaçado; pelo poder de invocar Avalokiteshvara, todos irão procurar esse som".

Quando surge esta Pérola, é revelada a nós a capacidade de Kuan Yin de proteger os seres sencientes de danos que possam ocorrer vindo de peçonhentos por intermédio de seus venenos.

As manifestações básicas de Kuan Shi Yin

Significa, ainda, que a língua pode ser muito venenosa, por isso tem que se tomar cautela com as palavras que se proferem, bem como acautelar-se contra traições, mentiras e injúrias pelas costas, ou seja, pelo lado oculto.

Saibam que no nosso subconsciente se alojam desejos não realizados, que ficam recalcados. Ele trabalha para a materialização de nossas crenças, não tem senso de humor e faz sempre aquilo que acreditamos, não falhando. O fracasso não existe neste sentido. Também ficam registrados os momentos bons tanto quanto os maus, por isso, neste obscuro que se compara a uma caverna, encontramos a bem Amada Kuan Yin, que nos auxilia para vencermos os desafios e os perigos.

Na privacidade da mente, do coração e da alma, cada um de nós abriga um senso de destino pessoal. Quando buscamos cumprir o chamado que recebemos, viajamos pelos altos e baixos da vida. Lá dentro, percorremos multicamadas de um subconsciente que age como uma influência subliminar e até mesmo um inconsciente que pode, a qualquer momento, entrar em erupção e impedir ou impulsionar a realização desse destino. Então podemos, sim, conectar as esperanças que temos como "sonhos" aos eventos da vida, pois também expressam uma dimensão de nossa alma.

Desta maneira, esta Pérola nos afirma que sua esplendorosa energia de Luz nos permite conectar nosso Eu mais interno, e ouvirmos sua voz silenciosa e orientadora nas situações mais difíceis.

Pela ajuda de Kuan Yin, temos a proteção contra vibrações negativas tanto quanto às percepções destrutivas. Por isso Ela recomenda que cuidemos do corpo físico, emocional, mental, bem como e principalmente dos portões ou fronteiras de nossas consciências, permitindo somente entrar a Luz.

A caverna rochosa também vem simbolizar a câmara secreta do coração, aquele retiro interno que só nós temos acesso, a caverna de cristal, onde a alma vai encontrar o seu instrutor pessoal, que podemos dizer ser o Senhor Maitreya ou mesmo a Mãe Divina, representada por Kuan Yin.

Por outro lado, a caverna rochosa, ou da rocha, vem simbolizar o plano astral, onde cada um dos que caminham na senda espiritual tem de estar presente, demonstrando seu próprio valor, resgatando fragmentos da alma e, assim, atando o próprio carma. Pode-se dizer também que tal caverna tem significado ainda mais profundo por ser como um cinto eletrônico, onde se encontra o denominado morador do umbral[31]. Portanto, nesta Pérola, vemos Kuan Yin sentada numa rocha dentro de uma caverna, visando proteger a todos os seres sencientes das serpentes venenosas que costumeiramente se encontram em tais lugares.

Esta Pérola indica também que essa serpente venenosa, além do que já foi dito a respeito, pode ser a serpente do não ser, que envenena a própria alma tanto como as próprias toxinas acumuladas na mente e no corpo, que podem causar autoenvenenamento. Assim como o morador do umbral, que também se encontra ali, na entrada da mesma caverna de cristal, onde devemos receber as nossas iniciações e bênçãos espirituais.

Para onde desejarmos ir, ao céu ou resgatar seres sencientes do mal, devemos ter Kuan Yin conosco e realizando este mantra.

Para se conectar mais com esta manifestação de Kuan Yin faça a seguinte invocação:

Bem Amada Kuan Shi Yin, Senhora da Compaixão, da Misericórdia, da Piedade Divina, Eu (nome de batismo) em Nome da Minha Poderosa Presença EU SOU e da minha Santa Bodhisattva Búdica pessoal, recebo-a em meu coração e ofereço este mantra para que tu vertas a Tua Pérola do domínio sobre o subconsciente, para lograr a Vitória nas iniciações de Maitreya, transmutando as toxinas mentais e para proteção contra o morador do umbral, e que as qualidades divinas sejam aperfeiçoadas na minha existência, cumprindo meu plano divino. Receba e envie milhares de raios de Luz a todas os seres sencientes que necessitem da Vossa Assistência e Compaixão,

---

31. Morador do Umbral Energia a ser trabalhada por cada um dos seres sencientes, e que impede e tem impedido que haja a evolução e ascensão.

Divina Mãe, manifestando a perfeição em todos, fazendo fluir ainda uma corrente de Chama Lavanda como um caudal de Luz sobre nós e todos os filhos e filhas de Deus, segundo a Santa Vontade de Buda. Assim Seja.

Mantra completo: *Wo Xiang Yan Hu Guan Yin Kou Tou*
Pronúncia: *Wha Chiang Yenwho Gwan Yin Koe Toe* (3x) *OM*
Mantra resumido: *Na-Mo Yen Hu Kuan Yin*
Pronúncia: *Nah-Mo Yen Who Guan Een*
Significado: Homenagem ao Nome Sagrado de Kuan Yin da Caverna Rochosa.

19. Kuan Yin da Paz e da Tranquilidade

PÉROLA 19
Kuan Yin da Paz e da Tranquilidade

Nome chinês: Neng Jing Kuan Yin

Significado: Kuan Yin que produz calmantes trazendo harmonia e paz ao corpo, à mente e à alma, ajudando a superar a raiva.

Palavras-chave: paz verdadeira, superação, serenidade e fim dos conflitos.

Esta Pérola representa Kuan Yin que se se manifesta surgindo sobre uma nuvem em extensiva e profunda contemplação meditativa, flutuando sobre os céus.

Vemos que Ela apoia as duas mãos sobre o corpo, segurando um japamala, denotando estar em reflexão, após suas orações, aguardando o momento para que possa espargir o néctar curativo.

As manifestações básicas de Kuan Shi Yin

O *Sutra do Lótus* diz que: "Se existem seres sencientes incomensuráveis, sofrendo de todos os tipos de sofrimento, que sinceramente chamem o nome da Bodhisattva Avalokiteshvara, que responderá imediatamente a sua oração e os livrará de todo sofrimento".

Todo aquele que estiver em sofrimento por decorrência de desastres, receberão desta manifestação de Kuan Yin a verdadeira paz, uma vez que peçam sua intercessão.

A Pérola diz que Kuan Yin é aquela que acalma, que haverá auxílio para que sejamos centrados, e que a emanação de sua Luz vai nos ensinar a superar toda a ignorância e a raiva e vai nos ensinar a enxergar além das aparências, ou seja, não nos comover com qualquer aparência ou experiência que tivermos na vida.

Devemos nos conscientizar de que precisamos buscar a paz e a serenidade das ações, seu mantra pode ser utilizado para iniciarmos qualquer prática meditativa, uma vez que é necessário termos a plena serenidade para isso.

Kuan Yin é conhecida por ser a protetora dos marinheiros, na verdade, todos nós somos marinheiros no oceano da vida. Estamos levando nosso barco, que podemos dizer ser do próprio Maitreya, atravessando, vamos conhecê-lo por Samsara, navegando através do mar astral. Desta forma, esta Pérola nos vem recomendar o apaziguamento do mar do plano astral, acalmando o Plexo Solar, que são nossas emoções internas.

Esse acalmar se obtém pela polaridade de Alfa e Ômega, na linguagem falada e por intermédio da devoção sincera a esta manifestação de Kuan Yin. Assim, ao oferecer a Ela nossas orações, desta forma e nesta manifestação da Avalokiteshvara, onde quer que estejamos, devemos visualizá-la diretamente sobreposta sobre nosso Plexo Solar, podendo estender toda tranquilidade deste chacra que adquirimos a toda vida senciente que esteja em aflição.

Esta Pérola indica que Kuan Yin surge para oferecer e dar mares calmos para nossos barcos e nos salva do naufrágio, ou seja, para que não nos sintamos naufragados nas costas da existência. Quando tudo parece desmoronar, não se tem nada, incluindo os que nos desanimam com seus próprios conceitos religiosos ou o caminho espiritual que estejam trilhando. Desta forma, eles podem descarregar sua ira contra o Deus que desconhecem. Neste momento sabemos que, quando tudo ao redor parece não ajudar, podemos pedir auxílio a Kuan Yin, para que Ela venha no centro de nosso ser e nos guie de forma correta no caminho da Realidade Divina.

O mantra de Kuan Yin para esta Pérola possui a palavra chinesa *Jing,* que vem do budismo e significa simplesmente "o cessar do conflito". Então, temos que compreender qual é a natureza, a origem deste conflito, que pode ser uma discussão entre argumentos ou até mesmo entre pessoas iradas ou em um grupo de pessoas. Quando isso ocorre, podemos perceber que uma vibração estranha surge e emana das mentes ríspidas, criando figuras monstruosas. Neste momento, a consciência das pessoas envolvidas se volta para dentro de si mesmo e mais e mais se aprofundam neste conflito, é quando a ira argumentativa se apresenta, impedindo a libertação desta situação. O que ocorre na verdade é um bloqueio de energias diversas, a tal ponto, que todas as vidas envolvidas perdem suas energias e se esgotam.

Esta Pérola vem nos ensinar que tudo isso vem do que conhecemos como vibração antiluz, que fazem os seres sencientes se acusarem, argumentarem, a ponto de se converterem em verdadeiros agressores contra os Filhos da Luz para envolvê-los e, assim, valendo-se desta argumentação, eles usufruem e tem poder sobre o campo áurico e a luz.

Afirma-nos esta Pérola, que o conflito em si é uma das formas de ataque mais viciosos das forças da escuridão em que os seres sencientes, portadores de luz, são envolvidos, encapsulados, pois eles tendem a sentir necessidade de se defender, porque, de certa maneira, sentem-se ofendidos e buscam retorquir. Agregado a isso, vem um total sentimento de injustiça que os justifica a começar a expressar a agitação e a ira.

Uma orientação muito importante para quem está neste meio é buscar o silêncio, estar em paz e dar respostas com palavras muito simples. Poucas palavras, como se não estivesse em condições de discutir por não ter conhecimento de todos os fatos e que prefere pesquisar, investigar para depois falar a respeito. Esta é a forma que se pode firmemente controlar a voz e a energia que vem do Plexo Solar, nosso sol, para não entrar nestas energias discordantes da paz.

Aqui haverá o controle dos chacras do Plexo Solar e da Garganta. Assim, buscando apaziguar sempre o nosso ser quando for necessário e, principalmente, para apaziguar tudo ao nosso redor, inclusive os seres sencientes que estejam bloqueados por aquela energia e vem provocar obstáculos no nosso caminho individual, podemos pedir Paz e Tranquilidade a esta Kuan Yin, decretando e realizando o mantra para nossa conexão com Ela:

> Bem Amada Kuan Shi Yin, Senhora da Compaixão, da Misericórdia, da Piedade Divina, Eu (nome de batismo) em Nome da Minha Poderosa Presença EU SOU e da minha Santa Bodhisattva Búdica pessoal, recebo-a em meu coração e ofereço este mantra para que tu vertas a Tua Pérola da Paz e da Tranquilidade sobre mim, colocando sobre meu Plexo Solar sua Presença Divina. E que possa eu estender esta calma, paz e tranquilidade a todos seres sencientes em aflição, bem como que as qualidades divinas sejam aperfeiçoadas na minha existência, cumprindo meu plano divino. Receba e envie milhares de raios de Luz a todas os seres sencientes que necessitem da Vossa Assistência e Compaixão, Divina Mãe, manifestando a perfeição em todos, fazendo fluir ainda uma corrente de Chama Lavanda como um caudal de Luz sobre nós e todos os filhos e filhas de Deus, segundo a Santa Vontade de Buda. Assim Seja.

Mantra completo: *Wo Xiang Neng Jing Guan Yin Kou Tou*
Pronúncia: *Wha Chiang Nung Jing Gwan Yin Koe Toe* (3x) *OM*
Mantra resumido: *Na-Mo Neng Ching Kuan Yin*
Pronúncia: *Nah-Mo Nung Jing Guan Een*
Significado: Homenagem ao Sagrado Nome de Kuan Yin da Paz e da Tranquilidade.

PÉROLA 20

Kuan Yin do Rio Anu

Nome chinês: Anou Kuan Yin (Anu)

Significado: Kuan Yin sentada em uma pedra olhando para o mar para encontrar os seres em perigo.

Palavras-chave: transmutação, transformação, enfrentamento e proteção mental.

  Esta Pérola revela a Kuan Yin do Rio Anu, aquela que nos ensina a deixar fluir a vida. Ela traz o poder de Kuan Yin de transmutar tudo com amor, transformando toda realidade humana. São os rios que fluem do Rio Divino ou derramam bênçãos celestiais em todas as direções.

  A Pérola nos mostra, também, a Senhora da Compaixão, sentada em uma rocha a recorrer ao próprio mar para que proteja e salve os viajantes. De forma contínua, Ela, como a Mãe Divina,

As manifestações básicas de Kuan Shi Yin

está sempre ali, justamente ali, no momento certo, a ponto de estar no tempo e espaço quando enfrentamos o plano astral e todas as más criações mentais, todos os desafios que surgem ou tem surgido na vida, as próprias forças sinistras e ocultas, ou aqueles impulsos escondidos que surgem de maneira súbita para tirar cada ser senciente do caminho da iluminação e da libertação, inclusive da devoção ao Criador.

Nesta Pérola, Kuan Yin se apresenta e surge para nos ensinar acerca do caminho do Bodhisattva. Neste aspecto, a orientação nos é dada para que levemos e espalhemos aos quatro cantos, nas quatro direções sagradas e ao Mundo a mensagem de Luz dos poderes de transmutação que tem a Compaixão, a Piedade e a Misericórdia Divina.

Quando Kuan Yin aparece nesta forma, ela vem proteger os habitantes dos perigos do mar.

No *Sutra do Lótus* encontramos escrito que: "Se houver seres sencientes naufragados no mar, à mercê de dragões, peixes e demônios, pelo poder de invocar Avalokiteshvara, as ondas do mar não serão capazes de afogá-los".

De fato, Ela protege os que estão naufragados e perdidos no mar. Entretanto, devemos atender ao mar de nossas consciências, onde encontramos os perigos mortais que ali estão ocultos.

Para se conectar mais com esta manifestação de Kuan Yin faça a seguinte invocação:

Bem Amada Kuan Shi Yin, Senhora da Compaixão, da Misericórdia, da Piedade Divina, Eu (nome de batismo) em Nome da Minha Poderosa Presença EU SOU e da minha Santa Bodhisattva Búdica pessoal, recebo-a em meu coração e ofereço este mantra para que tu vertas a Tua Pérola da Proteção sobre mim quando passo a enfrentar o plano astral e as más criações mentais que tenham origem em meus pensamentos e opondo-se à minha vitória, bem como sobre forças ocultas que busquem me causar qualquer espécie de dano. Peço ainda que as qualidades divinas sejam aperfeiçoadas na minha existência, cumprindo meu plano divino. Receba e envie milhares de raios de Luz a todas os seres sencientes que necessitem da Vossa Assistência e Compaixão, Divina Mãe, manifestando a perfeição em todos, fazendo fluir ainda uma corrente de Chama Lavanda como um caudal de Luz sobre nós e todos os filhos e filhas de Deus, segundo a Santa Vontade de Buda. Assim Seja.

Mantra completo: *Wo Xiang Anu Guan Yin Kou Tou*
Pronúncia: *Wha Chiang Ah-Noo Gwan Yin Koe Toe* (3x) *OM*
Mantra resumido: *Na-Mo A-Nou Kuan Yin*
Pronúncia: *Nah-Mo Ah-no Guan Een*
Significado: Homenagem ao Sagrado Nome de Kuan Yin do Rio Anu.

PÉROLA 21
Kuan Yin do Destemor

Nome chinês: A Mo Ti Kuan Yin

Significado: a emanação de Buda Amoghasiddhi, um dos cinco Budas Dyani que simboliza destemor.

Palavras-chave: generosidade, destemor, intrepidez e audácia.

Esta Pérola vem nos ensinar a conferir destemor e audácia quando estivermos perante circunstâncias da vida que sejam desafiadoras, ensinando-nos a sermos cheios de amor e também a nos proteger dos nossos próprios julgamentos acerca da realidade que a nós se apresenta, e ainda nos ajuda a agirmos pela percepção de nossos cinco sentidos.

Nesta representação, Kuan Yin aparece como o Rei Celestial Vaisramana[32], que é um dos quatro reis celestiais regentes dos pontos cardeais, sendo este especificamente o do Norte, o líder dos *yaksas* ou Espíritos da Natureza. Forma representada como sendo a mesma de quatro braços, Avalokiteshvara Amate[33], da mandala Garbhakosa.

Kuan Yin nos assinala aqui que tem o destemor, a intrepidez, o Poder para entrar nos locais mais escuros ou mundos infernais para salvar a vida senciente, sendo ela que nos dá e confere o dom desta intrepidez. A Chama do Destemor é branca, tingida de verde, mas de um tom verde esmeralda ardente.

O *Sutra do Lótus* descreve treze desastres dos quais, alguém, algum ser senciente, será salvo se os seus pensamentos permanecerem voltados ao poder de Kuan Yin. Exatamente Buda ensina que se milhares de milhões de seres viventes que sofrem dor ou tormento buscarem a Bodhisattva, ou seja, a Kuan Yin, "a que escuta os sons do mundo", e com determinação fizerem a invocação de seu nome sagrado, Ela "que também observa o som da palavra", prontamente garantirá a salvação e a libertação.

Algum ser senciente ou muitos poderão ter dúvidas, imaginar em suas consciências que tudo tem certo exagero, porém, a amada Bodhisattva Kuan Yin, com certeza, por seu coração extremamente compassivo e amoroso, nos dá acesso a todos os Budas do Cosmos Infinito.

---

32. Os símbolos de Vaisravana mais importantes são o tridente, o mangusto e a espada. Também um guarda-chuva com o qual afugenta a ignorância que parece chover sobre a Terra.

33. Avalokiteshvara Amate, significando o perdão, o destemido. Ela monta um leão branco (chamado Qilin) e tem quatro braços. Em um dos braços segura um peixe majya, noutro um pássaro auspicioso que pode contar a klesa a todos os seres sencientes. Amate lida com todos os seres sencientes e lhes confere destemor. Seu mantra é Om Amate Svaha.

As manifestações básicas de Kuan Shi Yin

Esta Pérola vem nos indicar que busquemos estar em paz consigo mesmo e, principalmente, com Kuan Yin, tomando como expressão a forma como Ela permanece em contemplação, meditação e visualização, buscando impulsionar pela atuação do mantra sagrado a energia dos raios cósmicos, destacando-se para o sétimo raio, o violeta com mesclas de lilás ou lavanda, que permitirá a cada um que assim o fizer, entrar pela porta aberta que Ela nos oferece, as cinco dimensões que se ativam ao redor do coração, que é o caminho para os corações dos cinco Budas Dhyani[34].

Assim, fazendo e oferecendo este mantra à Kuan Yin, encontramos uma grande chave singular, individual, mas que, no decorrer de certo tempo, nos une a outros seres sencientes, como um poder único de transformação a nível global, possibilitando que atuemos, trabalhemos e intercedemos em prol deste Planeta que habitamos neste tempo.

Sim, porque a graça, ou o milagre, como o desejo chamar, existe como uma realidade tangível, possível, pois um quantum percentual destes aspectos quanto às previsões ou profecias que surgem ou que foram consagradas em textos, mesmo nas sagradas escrituras, que de certa forma chegam à projeção na mídia como manifestações do sensacionalismo humano para ao mundo atual, neste momento, ou para os próximos anos, virão como os selos a serem abertos, mesmo que este percentual seja pequeno. A Grande Lei nos garante que um com Deus ou Buda, é a maioria.

---

34. Os cinco Budas Dhyani, pelos seus poderes meditativos, segundo os budistas tibetanos, foram criados pelo Adi-Buda, o ser primordial e o mais elevado. Estes Budas Dhyani são Budas Celestiais, que são visualizados nas meditações. São também chamados Jinas ou vitoriosos, pois são capazes de transmutar cinco venenos em suas sabedorias transcendentes. O Livro Tibetano dos Mortos recomenda que os devotos meditem nestes Budas de modo que suas sabedorias substituam as forças negativas que ele permitiu se desenvolver internamente.

Nesta representação Kuan Yin assinala que, neste momento, nesta hora, devemos permanecer em pé, como um eixo para o Planeta e o retorno do carma, tanto individual como coletivo e planetário, quando quer que ocorra, pois podemos atuar com o Poder do Verbo, com o Chacra da Garganta, o Laríngeo ou Vishudda, permitindo que a Deusa atue. É como oferecer nosso templo corporal, corpo, mente, alma como um sacrifício vivente, pois, ao permitir que a Bodhisattva atue por nosso intermédio, de forma plena e sem causar qualquer prejuízo por ser senciente, já que podemos ter certos bloqueios de irrealidade, entenderemos que realmente somos considerados como um Bodhisattva para os demais seres sencientes e para este orbe planetário.

O surgimento desta Pérola, neste momento, diz também que o caminho está aberto neste dia, nesta hora, agora, para seguir adiante. A sua maestria pode chegar até nós, a Divina Maestria pode vir mais rápido que cada ser, embora tenhamos ciclos, milhas a caminhar. Prontidão, diligência é necessário. É preciso ter a nitidez da mente para ser mais inteligente que o não ser. Espancar o medo, a dúvida, ter questionamentos humanos e registros de morte desta ou de vidas passadas.

Para se conectar mais com esta manifestação de Kuan Yin faça a seguinte invocação:

Bem Amada Kuan Shi Yin, Senhora da Compaixão, da Misericórdia, da Piedade Divina, Eu (nome de batismo) em Nome da Minha Poderosa Presença EU SOU e da minha Santa Bodhisattva Búdica pessoal, recebo-a em meu coração e ofereço este mantra para que tu vertas a Tua Pérola do Destemor, da intrepidez, da Audácia sobre mim, conferindo-me estes dons, ajudando-me a conquistar o temor, o medo, a dúvida, o questionamento humano e todo e qualquer registro de mortes desta ou de vidas passadas, para vencer o plano astral, e seja o corpo vivente em oferecimento ao bem maior para os seres sencientes e para este Planeta. Peço ainda que todas as demais qualidades divinas sejam aperfeiçoadas na minha existência, cumprindo meu plano divino. Receba e envie milhares de raios de

Luz a todas as almas irmãs que necessitem da Vossa Assistência e Compaixão, Divina Mãe, manifestando a perfeição em todos, fazendo fluir ainda uma corrente de Chama Lavanda como um caudal de Luz sobre nós e todos os filhos e filhas de Deus, segundo a Santa Vontade de Buda. Assim Seja.

Mantra completo: *Wo Xiang A Mo Ti Guan Yin Kou Tou*
Pronúncia: *Wha Chiang Ah-Mo-Tee Gwan Yin Koe Toe* (3x) *OM*
Mantra resumido: *Na-Mo A-Mo-Ti Kuan Yin*
Pronúncia: *Nah-Mo Ah-mo-dee Guan Een*
Significado: Homenagem ao Sagrado Nome de Kuan Yin da Intrepidez.

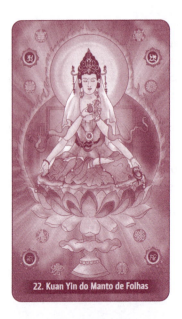

PÉROLA 22
Kuan Yin do Manto de Folhas

Nome chinês: Ye Yi Kuan Yin

Significado: Kuan Yin vestida de folha que concede cura como manifestação de carinho.

Palavras-chave: carinho, poderes curadores, cura, proteção e vida longa.

Esta Pérola nos revela a necessidade de retornarmos aos princípios maiores universais, invocando os poderes curadores por meio de rituais ou de um mantra específico, meditação, retiros espirituais, no silêncio e em contemplação à vida de todas as formas.

Aprendemos a lidar com forças naturalísticas da vida e com a própria natureza. Assim compreendemos a interação entre o homem e a natureza, para observar a passagem temporal e compreender as leis cósmicas de criação, respeitando-as. O verdadeiro

As manifestações básicas de Kuan Shi Yin

curador de acordo com as crenças budistas deve ser capaz de reconhecer a natureza ilusória das doenças e eliminá-las.

Pérola que nos indica a existem daqueles seres sencientes que podem ser liberados pelo Sakka. Kuan Yin surgirá, portanto, para nos ensinar o Dharma. Ela surge como o Sakka, Rei Celestial de dois mundos, que vive em Tavatimsa[35] no pico do Monte Sumeru.

O *Sutra do Lótus* diz que: "Se existem aqueles que podem ser libertados pelo Sakka[36], o Bodhisattva aparecerá nesta forma para lhes ensinar o Dharma". Ela representa a capacidade de proteção a todos os seres sencientes, sobre as várias doenças, prolongando a vida e também protegendo as famílias, além de trazer a cura com carinho.

Esta forma de surgimento é a mesma da Avalokiteshvara Parnashabari[37] da mandala Garbhakosa, e está associada com o poder de curar doenças contagiosas e epidêmicas, pandêmicas,

---

35. O Céu de Trayastrimsa ou Tavatimsa, é um mundo importante dos devas na cosmologia hindu e budista. É o nome do segundo nos seis céus do reino dos desejos na cosmologia budista, usado secundariamente pelos devas que habitam lá. Está localizada no pico do Monte Sumeru, a montanha central do mundo.

36. Sakka ou Sakra é o governante do Céu Trayastrimsa, de acordo com a cosmo-logia budista, conhecido tambémpelo título de "Senhor dos Devas".

37. Parnashavari (Loma Gyonma em tibetano) é uma deusa curadora que remove doenças contagiosas e epidêmicas. Seu nome também significa "vestida com folhas" e ela encarna a nossa conexão com a natureza e os métodos naturais de cura. As folhas são o que a distingue. Aparentemente, Ela deriva também de uma divindade aborígene, sendo um dos seus títulos Sarvashavaranam Bhagavathi, ou "deusa de todos os Shavaras" (uma tribo no Leste da Índia). É a personificação de uma das vinte e uma Taras, conhecida como "Parnashavari na solidão da monta-nha", que remove doenças contagiosas. Vjara, no coração uma flecha, na forma de golpe, um machado pequeno, um laço de vajra, um arco um lótus opu, um galho ou uma árvore. O laço atrai os demônios das doenças, seu machado corta os seus corações e seu arco e flecha sua força viva, o vajra em sua mão simboliza seu poder indestrutível e sua consciência da natureza ilusória dos fenômenos. Sua saia é cheia de folhas, decorada, às vezes, com flores ou penas de pavão.

febre, varíola dentre outras. Por ter a vestimenta com "folhas", Ela encarna a estreita conexão com a natureza e os métodos naturais de cura. As muitas folhas de Kuan Yin são nossa proteção contra o retorno do carma que hoje podemos ou estamos enfrentando a nível pessoal ou coletivo planetário.

Nesta Pérola, Kuan Yin vem afirmar e oferecer então a proteção contra pestilências, insetos e todas as enfermidades, inclusive as contagiosas e, ao mesmo tempo que oferece este amparo, também nos dá a possibilidade de a cura ser estabelecida, tendo como consequência lógica, uma vida mais longa.

Ye Yi Kuan Yin vem nos indicar, de certa forma, tanto a proteção sobre o processo cármico pessoal quanto o planetário, que advém da má utilização do fogo sagrado do Chacra da Base, Muladhara, que tem ligação com a Mãe Divina. Podemos considerar, portanto, que daí advém toda a pestilência em suas mais variadas formas, os próprios insetos e toda espécie de doenças ou enfermidades nas mais diversas representações.

A Pérola vem para nos dar consciência de que, para uma vida longa, devemos dar a assistência, cuidar da elevação do fogo sagrado da Kundalini tanto pela prática de yoga quanto por posturas corretas em nossa existência.

Na doutrina budista, os ensinamentos a respeito desta manifestação de Kuan Yin é a que representa os 84000 méritos, ou seja, os divinos ensinamentos de Gautama Buda, que nos são oferecidos para curar todo o sofrimento, seja qual for.

Vamos visualizar as folhas do manto de Kuan Yin ao nosso redor e recordarmos as palavras e as folhas da Árvore da Vida, para nossa cura e de todas as nações.

As manifestações básicas de Kuan Shi Yin

Para se conectar mais com esta manifestação de Kuan Yin faça a seguinte invocação:

Bem Amada Kuan Shi Yin, Senhora da Compaixão, da Misericórdia, da Piedade Divina, Eu (nome de batismo) em Nome da Minha Poderosa Presença EU SOU e da minha Santa Bodhisattva Búdica pessoal, recebo-a em meu coração e ofereço este mantra para que tu vertas a Tua Pérola do Teu Manto de Muitas Folhas, colocando-o ao meu redor para proteger-me do carma pessoal e planetário e do mal do fogo sagrado, oferecido pela Mãe Divina, libertando-me de toda espécie de vírus, pestilência, epidemia, pandemias provocadas por qualquer meio ou por insetos e das enfermidades e doenças contagiosas, para que eu tenha uma vida longa e para oferecimento do trabalho ao bem maior para os seres sencientes e para este Planeta. Peço ainda que todas as demais qualidades divinas sejam aperfeiçoadas na minha existência cumprindo meu plano divino. Receba e envie milhares de raios de Luz a todas as almas irmãs que necessitem da Vossa Assistência e Compaixão, Divina Mãe, manifestando a perfeição em todos, fazendo fluir ainda uma corrente de Chama Lavanda como um caudal de Luz sobre nós e todos os filhos e filhas de Deus, segundo a Santa Vontade de Buda. Assim Seja.

Mantra completo: *Wo Xiang Ye Yi Guan Yin Kou Tou*
Pronúncia: *Wha Chiang Yehyee Gwan Yin Koe Toe* (3x) *OM*
Mantra resumido: *Na-Mo Yeh I Kuan Yin*
Pronúncia: *Nah-Mo Yeh EE Guan Een*
Significado: Homenagem ao Sagrado Nome de Kuan Yin do Manto de Folhas.

23. Kuan Yin, Lápis-Lázuli

PÉROLA 23
Kuan Yin Lápis-Lazúli

Nome chinês: Liu Li Guan Yin

Significado: Kuan Yin do lápis-lazúli é a cor da cura e da vida longa, significando a cura dos Budas e Bodhisattvas.

Palavras-chave: proteção, cura, reconexão e felicidade.

Esta Pérola nos traz a informação de que todos os que podem ser libertados por Isvaradeva[38], Kuan Yin aparecerá nesta forma para ensinar o Dharma.

De pé, sobre uma pétala de lótus flutuando na água, Ela traz nas mãos um queimador de incenso feito de esmalte colorido.

Kuan Yin, nesta Pérola, surge para nos informar de sua capacidade de proteger os seres scientes de muitos tipos

---

38. Isvaradeva é o senhor do Céu Paranirmita-vashavartin, o Céu mais alto no reino do desejo, onde é considerada a divindade suprema.

As manifestações básicas de Kuan Shi Yin

de morte prematura, seja por perigos, seja por situações que acarretam o término desta jornada de forma brusca, seja das mais variadas situações.

A Pérola mostra o Rei ou a Rainha mais elevada. De acordo com a tradição, Ela carrega um lápis-lazúli com as duas mãos e fica em cima do lótus, viajando sobre ele. De acordo com o *Sutra do Rei Supremo*, Kuan Yin auxilia a extinguir o sofrimento de nascimento e morte, além de erradicar e subjugar os venenos nocivos. Ela também tem o nome de Vaidurya[39] como esta manifestação.

Em situações de emergência ou desastres, se for recitado seu mantra por mil vezes sua vida será poupada e até prolongada. As Avalokiteshvaras nunca falam falsamente, por isso devem ser respeitadas. Com as orações, as faltas e as ofensas pesadas podem ser erradicadas.

Nesta representação, Kuan Yin também nos indica a vinda para nós, o agraciamento com dádiva da alegria interna, é uma forma igual à Avalokiteshvara Ghandaraja[40] da mandala Garbhakosa[41].

---

39. Vaidurya de acordo com a história sagrada do Tibete é o Buda de Luz Água-Marinha ou Lápis-lazúli, conhecido também como o Buda Mestre da Medicina, que se emanou a si mesmo. Outra interpretação é que Vaidurya é a pedra preciosa lápis-lazúli, a qual os budistas creem produzir um desejo de orar, é a luz espiritual, trazendo paz e felicidade sempre e desde que, quem ora, leve uma vida moral, que pode ser definida desta maneira: "se trata de conservar e manter em equilíbrio o fogo sagrado de Alfa e Ômega na pureza nos Sete Chacras. Quando temos nosso fogo sagrado conosco e a Luz de Deus não está comprometida por qualquer mau uso em qualquer dos chacras, então sabemos que cumprimos com as Leis da Moral".

40. Gandharaja, o rei da flagrância, sendo classificado como uma divindade da mandala Garbhakosa como uma manifestação de Avalokiteshvara, que concede bênçãos a todos os seres sencientes como uma flagrância penetrante e poderosa

41. A Mandala Garbhakosa tem 414 divindades, estando dividida em 12 grupos, também conhecida como as 12 divisões da Garbhakosa. Todas estas divindades trabalham para a salvação do mundo. Esta mandala expressa a Verdade de todos os Budas descritos no Sutra Mahavairochana.

Kuan Yin é a mente e o coração abundante da Compaixão Suprema, também reconhecida como a divindade suprema, que habita no Céu Kãmadhãtu.

A corrente central que flui através da vida é a mente cuidadosa que dá à luz muitas coisas e as nutrem, o que podemos dizer ser o seu lado maternal da vida.

Esta Pérola nos traz Kuan Yin como sendo a chave para o coração de Buda, sempre com o aspecto compassivo. Quem está sofrendo ou estiver em perigo eminente, a Bodhisattva salvará.

Na tradição chinesa quem recita o Sutra 1000 vezes será ressuscitado à vida, inclusive quem estiver morto. Significa também que o renascimento de tudo na existência humana ocorre novamente. Também podemos imaginar a morte ou finalização ou a própria negligencia com as obras divinas, os seres sencientes que estão mortos à Palavra de Luz Vivente. Ademais, quando levamos a Verdade falando para estas pessoas, um despertamento ocorre, suas mentes se elevam e chegam a ouvir a voz divina dentro de seus corações, reconhecendo-a como a Fonte maior. Ocorre, então, uma reconexão dos seres sencientes que estão vivendo neste Planeta, onde quer que estejam. É a Religação com o EU SOU e seu Santo Ser Búdico.

Liu Li Guan Yin nos afirma a possibilidade de reconexão com nosso Eu Superior. As joias em seu manto focalizam e traduzem a chama de Kuan Yin. Lápis-lazúli é o símbolo de cura dos Budas e Bodhisattvas. A pedra lápis-lazúli nos é ensinado usá-la para a benção, a saúde e a cura para todos os sofrimentos da vida.

Ao recitar o mantra *Na-Mo Liu Li Kuan Yin*, segure um rosário só de pedra, tipo japamala, e toque cada uma das pedras preciosas. Ao fazer isso, a Luz espiritual que você invoca com a palavra e a Luz que é enviada por Kuan Yin são registradas na estrutura cristalina das pedras preciosas, na lápis-lazúli e em seu coração, apoiando-o no momento de sua necessidade.

Este mantra tem como homenagem o nome de Vaidurya, Buda da Medicina, e poderá ser realizado em hospitais, centros terapêuticos e outros locais onde se trata as enfermidades, servindo

As manifestações básicas de Kuan Shi Yin

para auxiliar os curadores e os enfermos, trazendo milagrosas curas. Além disso, ensina-nos técnicas curativas e nos mantêm com saúde, removendo a ilusão da doença, e ainda protege todos os seres do apego, do ódio e da ignorância que, segundo o budismo, é a raiz de todas as doenças, protegendo-nos, assim, dos perigos e das energias negativas e dos espíritos malignos.

Na realidade, ao recitarmos o mantra, permitimos que a Divina Mãe Kuan Yin e a Divina Mãe Maria realizem a tecedura do cordão de cristal que irá nos conectar, que nos entrelaçará, com a nossa chama trina, permitindo a abertura, a ligação da nossa centelha ou chispa divina com o Alto.

Para se conectar mais com esta manifestação de Kuan Yin faça a seguinte invocação:

Bem Amada Kuan Shi Yin, Senhora da Compaixão, da Misericórdia, da Piedade Divina, Eu (nome de batismo) em Nome da Minha Poderosa Presença EU SOU e da minha Santa Bodhisattva Búdica pessoal, recebo-a em meu coração e ofereço este mantra para que tu vertas a Tua Pérola de lápis-lazúli para o despertamento de Tuas Obras e para Tua Palavra Vivente, tecendo meu cordão de cristal e restabelecendo a abertura do portal que me leva à conexão com o Alto, brilhando minha Chispa Divina em esplendor, livrando-me dos perigos mortais. Peço ainda que todas as demais qualidades divinas sejam aperfeiçoadas na minha existência, cumprindo meu plano divino. Receba e envie milhares de raios de Luz a todas as almas irmãs que necessitem da Vossa Assistência e Compaixão, Divina Mãe, manifestando a perfeição em todos, fazendo fluir ainda uma corrente de Chama Lavanda como um caudal de Luz sobre nós e todos os filhos e filhas de Deus, segundo a Santa Vontade de Buda. Assim Seja.

Mantra completo: *Wo Xiang Liu Li Guan Yin Kou Tou*
Pronúncia: *Wha Chiang Lee-Oh Lee Gwan Yin Koe Toe* (3x) *OM*
Mantra resumido: *Na-Mo Liu Li Kuan Yin*
Pronúncia: *Nah-Mo Lee-Oh Lee Guan Een*
Significado: Homenagem ao Sagrado Nome de Kuan Yin Lápis-Lazúli.

24. Kuan Yin, Mãe da Salvação

PÉROLA 24
Kuan Yin, Mãe da Salvação

Nome chinês: Duo Lo Kuan Yin

Significado: a emanada como a forma de Tara, a libertadora rápida, a veloz no auxílio.

Palavras-chave: livramento, proteção, salvamento e libertação.

Esta Pérola vem representar Kuan Yin manifestada como Tara[42]. Aquela que é veloz no auxílio, salvadora compassiva, que persevera até que a libertação ocorra.

---

42. Tara é considerada o arquétipo da Sabedoria transcendente e interna de todos os seres sencientes. Protetora e guia aos confins mais remotos do inconsciente. No Tibete é tida como a "Senhora do barco", que conduz a alma que atravessa a corrente do Samsara rumo a distante margem do Nirvana. Assim tem a missão e o poder eterno de salvar os seres sencientes, atravessando-os com segurança pelo oceano da existência fenomênica, pois o mar inteiro é o brincar cintilante e ondulante de sua Shakti.

As manifestações básicas de Kuan Shi Yin

Navegando sobre a nuvem colorida, Kuan Yin tem o esplendor de seu manto Divino, onde os olhos veem todo o sofrimento dos seres sencientes, sendo uma emanação de Tara, que também é reverenciada no Tibete e na Índia, como uma emanação de Avalokiteshvara, aclamada como uma salvadora compassiva, e na China, como a Divina Mestra. Podemos entender esta manifestação como uma representação do grande fogo branco e azul, como vemos nos reflexos sobre a imagem e no céu, associando-se a Kali[43]. Ao buscarmos entender mais um pouco, entenderemos que Ela tem um coração, o júbilo da integridade e da pureza, bem como a Mestria absoluta dos cinco raios secretos.

Nesta representação, Ela nos oferece a garantia de que a Luz, por mensageiros e pela Hierarquia, é a nós ofertada para nos ajudar neste processo de vida e para que levemos a mestria do Fogo Sagrado na elevação da Kundalini.

Este é o Mantra da Grande Mãe, o aspecto feminino da divindade que pode e deve ser praticado em qualquer lugar. Em rituais é o primeiro a ser feito, para, assim, despertar o feminino dentro de cada um e curar todos os aspectos do lado esquerdo do corpo e as mulheres, tanto ancestrais quanto de nossa vida atual.

Duo Lo Kuan Yin vem nos ensinar sobre o aspecto feminino da Deidade e como devemos ver as outras pessoas com a cura compassiva.

Seu mantra revela um aspecto mais feminino da Deusa, despertando poder interior dentro de cada um, a natureza Yin, favorecendo a obtenção da cura do lado esquerdo do corpo físico.

---

43. Kali ou Cali é uma das divindades do hinduísmo, considerada uma manifestação de Durga, a esposa de Shiva. É representada manchada de sangue, com cobras e um colar de crânios. Este colar ou guirlanda significa sua onipresença em todas as mentes humanas para mostrar que a vida humana é passageira.

Lemos no *Sutra do Lótus* que: "Se houver seres sencientes cercados por bandidos hostis, cada um com uma espada pronta para matar; pelo poder de invocar Avalokiteshvara, eles imediatamente se tornarão misericordiosos".

Esta Pérola vem nos indicar a proteção contra a hostilidade de criminosos, o que é chamado no *Sutra* como bandidos. Esta manifestação é semelhante, senão igual, à da Bodhisattva Tara na Mandala Garbhakosa. Temos o significado para Tara como "libertadora" ou "olho", possuindo tanto aspectos femininos como masculinos, observando o sofrimento dos seres sencientes em diversos mundos.

Ela está parada em uma nuvem flutuando no céu e, nesta manifestação, demonstra a sua capacidade de observância do mundo, de ouvir os clamores e também de proteger os seres sencientes contra todo mal, auxiliando-nos a vencer e oferecendo, ainda, a oportunidade de meditar e de realizar seu mantra quando estiver se sentindo mal ou com alguma doença ou tendo alguma espécie de bloqueio no caminho ou algum obstáculo.

Kuan Yin, nesta manifestação, representa o símbolo da salvação, acalmando a correnteza de nossas emoções com alcance de sua atividade em todos os tempos.

Para se conectar mais com esta manifestação de Kuan Yin faça a seguinte invocação:

Bem Amada Kuan Shi Yin, Senhora da Compaixão, da Misericórdia, da Piedade Divina, Eu (nome de batismo) em Nome da Minha Poderosa Presença EU SOU e da minha Santa Bodhisattva Búdica pessoal, recebo-a em meu coração e ofereço este mantra para que tu vertas a Tua Pérola de Salvação sobre mim, na minha vida, salvando-se das hostilidades humanas ou espirituais ou de ser prejudicado(a) pelo mal, proporcionando a abertura de meus caminhos e obtenha a mestria do fogo sagrado e elevação da Kundalini. Peço ainda que todas as demais qualidades divinas sejam aperfeiçoadas na minha existência cumprindo meu plano divino. Receba e envie milhares de raios de Luz a todas as almas irmãs que necessitem da Vossa Assistência e

Compaixão, Divina Mãe, manifestando a perfeição em todos, fazendo fluir ainda uma corrente de Chama Lavanda como um caudal de Luz sobre nós e todos os filhos e filhas de Deus, segundo a Santa Vontade de Buda. Assim Seja.

Mantra completo: *Wo Xiang Duo Luo Guan Yin Kou Tou*
Pronúncia: *Wha Chiang Doh Loe Gwan Yin Koe Toe* (3x) *OM*
Mantra resumido: *Na-Mo To-Lo Kuan Yin*
Pronúncia: *Nah-Mo Dwaw-Lwaw Guan Een*
Significado: Homenagem ao Sagrado Nome de Kuan Yin, Mãe da Salvação.

PÉROLA 25
Kuan Yin da Concha de Molusco

Nome chinês: Ge Li Kuan Yin

Significado: a do molusco que é a Kuan Yin com o poder de abrir ou fechar todos os imóveis e todas situações, pessoas e energias. É a operadora de milagres.

Palavras-chave: abertura de caminho, proteção, aberturas em geral e expansão da consciência.

Esta Pérola vem nos revelar a possibilidade de destrancar, de abrir os portais de nossas consciências para deixar entrar a Luz. Ela nos incentiva a sair das situações difíceis em que nos encontramos, trazendo a preciosidade de ensinamentos com base na transformação dos elementos, tais como pedra bruta em pedra polida ou carvão em diamante. E assim, encontramos o caminho, a solução, a diretriz, provocando a abertura dos nossos corações, movendo-os para a realidade, tirando-nos da ilusão.

No *Sutra do Lótus* está escrito que: "se há alguém que precisa ser liberado pela Bodhisattva, esta aparecerá desta forma para ensinar o Dharma".

A concha representa os sons dos ensinamentos de Buda, ou de Kuan Yin, que desperta todos os seres da ignorância.

Nesta Pérola, Kuan Yin manifesta-se sentada em lótus no interior de uma concha gigante. Esta manifestação teve origem em uma lenda na China, pelos pescadores, e é venerada por eles pela sua habilidade em protegê-los nos seus barcos de pesca no mar e da obstinação que é percebida, ensinando-os a como elevar seus estados de consciência e como abrir o que está fechado, inclusive o coração e situações específicas.

Esta Pérola vem nos dizer que, como a concha, nossa mente pode estar totalmente selada, fechada tanto quanto o coração e o espírito. Assim, percebemos quando desejamos nos alimentar, receber e compartilhar do Pão Divino em nós e compreendemos que esta ligação está selada, fechada. Este estado da mente é o da não vontade de despertamento em nós ou em outros, devemos, pois, meditar e refletir, utilizando meios para isso, como orar, incensar e praticar o mantra de Kuan Yin, visando superar toda a obstinação humana e toda "porta fechada" que não responde ao chamado búdico ou crístico que estão a bater.

Este é o momento da decisão. Permanecer um ser senciente enclausurado, fechado dentro de si e de sua consciência limitada, ou expandir e libertar-se abrindo a concha que não permite ver a Luz do dia. A decisão é de cada um. Esta é a oportunidade.

O Mantra a seguir nos traz abertura de partes fechadas da consciência, assim como auxilia pessoas e situações trazendo a descoberta de tudo que parece ruim e revelando ensinamentos valiosos para quando não sabemos o porquê de cada situação.

Oráculo Pérolas Kuan Yin

Para se conectar mais com esta manifestação de Kuan Yin faça a seguinte invocação:

Bem Amada Kuan Shi Yin, Senhora da Compaixão, da Misericórdia, da Piedade Divina, Eu (nome de batismo) em Nome da Minha Poderosa Presença EU SOU e da minha Santa Bodhisattva Búdica pessoal, recebo-a em meu coração e ofereço este mantra para que tu vertas a Tua Pérola do operar milagres, de abrir as portas fechadas, bem como o portal de minha consciência para que a Luz se manifeste, entre, e eu receba teus preciosos ensinamentos, bem como supere toda a obstinação humana, abrindo meu coração e meu espírito para a Verdade. Peço ainda que todas as demais qualidades divinas sejam aperfeiçoadas na minha existência, cumprindo meu plano divino. Receba e envie milhares de raios de Luz a todas as almas irmãs que necessitem da Vossa Assistência e Compaixão, Divina Mãe, manifestando a perfeição tem todos, fazendo fluir ainda uma corrente de Chama Lavanda como um caudal de Luz sobre nós e todos os filhos e filhas de Deus, segundo a Santa Vontade de Buda. Assim Seja.

Mantra completo: *Wo Xiang Ge Li Guan Yin Kou Tou*
Pronúncia: *Wha Chiang Guh Lee Gwan Yin Koe Toe* (3x) *OM*
Mantra resumido: *Na-Mo Ke Li Kuan Yin*
Pronúncia: *Nah-Mo Guh Lee Guan Een*
Significado: Homenagem ao Sagrado Nome de Kuan Yin da Concha de Molusco.

PÉROLA 26
Kuan Yin das Seis Horas

Nome chinês: Liu Shi Kuan Yin

Significado: a que é de seis horas. Simboliza o antigo relógio "chinês" que foi dividido em três períodos de seis horas. Isso significa seu domínio do tempo, assim como a Kuan Yin que protege durante todo o dia e noite.

Palavras-chave: domínio do tempo, guia, proteção e percepção da realidade.

Esta Pérola vem nos afirmar a Onipresença e a Onisciência de Kuan Yin, ensinando-nos o domínio sobre o tempo e nos orientando a estar presente no aqui e agora, tendo a percepção da realidade maior.

Diz-nos o *Sutra do Lótus* que: "Se há alguém que pode ser liberado por um upasaka, a Bodhisattva aparecerá nesta forma para ensinar-lhe o Dharma".

Em pé, segurando o texto do Sutra em sua mão direita, mostrando-o para a constante emissão da radiação da compaixão em direção a todos os seres sencientes, por todo o período de tempo, dois períodos de seis horas, dia e noite, perfazendo as 24 horas, esta pérola vem simbolizar a proteção incessante e a Compaixão de Kuan Yin sobre os seres sencientes durante o dia e a noite. Temos então quatro vezes seis, que é igual a vinte e quatro, nos dando o sentido de uma visualização precisa e correta de Kuan Yin nos quatro quadrantes do ser senciente, e assim, durante as 24 horas, Ela mantem vigília nos ciclos cósmicos da consciência individual e coletiva, que conhecemos com a Psicologia Espiritual.

Nesta representação, a Pérola nos informa que este mantra é ideal para quando alguém já desencarnou ou está para desencarnar, pedindo para Kuan Yin guiar a pessoa que fez a passagem. Também nos coloca em contato com a onisciência e a onipresença de Kuan Yin, para quando precisamos saber que somente o agora é o tempo certo de criarmos tudo o que desejarmos, entretanto, devemos ter consciência de que o efeito ou o resultado decorre do tempo do Universo para a resposta. O Tempo de Deus não é igual ao tempo do homem.

Sim, esta Pérola nos alerta da necessidade que temos de aprender a aproveitar o tempo que dispomos, fazendo a vontade do Criador, a fim de que tudo o que realizarmos frutifique no momento devido. Há tempo de semear e tempo de colher. Tempo de nascer e tempo de amadurecer. O tempo para tudo, desde que saibamos entendê-lo e Kuan Yin vem nos assistir durante todo o período do dia e da noite.

Para se conectar mais com esta manifestação de Kuan Yin faça a seguinte invocação:

Bem Amada Kuan Shi Yin, Senhora da Compaixão, da Misericórdia, da Piedade Divina, Eu (nome de batismo) em Nome da Minha Poderosa Presença EU SOU e da minha Santa Bodhisattva Búdica pessoal, recebo-a em meu coração e ofereço este mantra para que tu vertas a Tua Pérola da Tua incessante Proteção e Compaixão nas 24 horas do dia, guiando-se pelas veredas do tempo, tendo contato com Tua Divina Onisciência e Onipresença abarcante. Peço ainda que todas as demais qualidades divinas sejam aperfeiçoadas na minha existência, cumprindo meu plano divino. Receba e envie milhares de raios de Luz a todas as almas irmãs que necessitem da Vossa Assistência e Compaixão, Divina Mãe, manifestando a perfeição em todos, fazendo fluir ainda uma corrente de Chama Lavanda como um caudal de Luz sobre nós e todos os filhos e filhas de Deus, segundo a Santa Vontade de Buda. Assim Seja.

Mantra completo: *Wo Xiang Liu Shi Guan Yin Kou Tou*
Pronúncia: *Wha Chiang Lee-Oh Shih Gwan Yin Koe Toe* (3x) *OM*
Mantra resumido: *Na-Mo Liu Shi Kuan In*
Pronúncia: *Nah-Mo Lee Oh She(r) Guan Een*

27. Kuan Yin, a Compassiva Universal

PÉROLA 27

Kuan Yin, a Compassiva Universal

Nome chinês: Pu Bei Guan Yin

Significado: a universalmente compassiva de Kuan Yin, a Todo-Compassiva.

Palavras-chave: decisão, resolução, compassividade, nutrição e esperança.

Esta Pérola nos brinda com a promessa de que haverá o fim de todo sofrimento. Ela vem para nos ensinar sobre a Compaixão Divina como verdadeiro nexo entre o Céu e a Terra e como alcançar o esclarecimento e a iluminação pela prática da verdadeira compaixão.

O *Sutra do Lótus* nos diz que: "Se há algum ser senciente que pode ser libertado por Mahesvara[44], a Bodhisattva aparecerá desta forma para ensinar-lhe o Dharma".

Essa manifestação é chamada porque sua Compaixão é abrangentemente universal, capaz de beneficiar todos os seres sencientes, assim como o poder e a virtude do Mahesvara são conhecidos por todos que tem esta fé. Pu Bei Guan Yin nos diz sublimemente que a Compaixão ainda tem o poder de resolver, dar uma solução a questões pendentes que sejam decorrentes ou não do processo cármico. No caminho evolutivo todo aspirante à sua elevação espiritual, de Bodhisattva, para sair do ciclo reencarnatório ou "Samsara" deve ser firme, decidido, pois aí reside a raiz das qualidades de Buda.

Quando se decide, a voz da Lei vem do firmamento, assim como as árvores florescem. Quando um ser senciente no caminho da iluminação tem pura resolução por sua própria mente, chega a ele o ensino e a instrução superior. Portanto, de fato, deve tomar sua resolução, sua decisão.

Assim como quem tem pés pode andar, também quem decidiu, quem tem resolução, adquiri na caminhada as qualidades de Buda. Como quem vive pelo pensar, aquele com decisão, recebe a iluminação do Buda.

Igualmente, neste contexto, a Pérola também nos revela que se pode ganhar vitalidade, obtendo o melhor de Buda, entendendo que, se houver combustível, o fogo arde. Quando não há, não pode arder e se apaga. A Esperança precisa ser nutrida a todos os

---

44. Mahesvara, na Índia, vem de Maha (grande) + isvara (senhor, mestre). O grande Senhor, um de seus títulos, um dos oito nomes de Shiva. No budismo, é o nome de uma divindade mencionada no século 2 Mahāprajñāpāramitāśāstra (capítulo IV). É, originalmente, Shiva, na fé hindu, mas depois sendo convertido por Buda, desde então se tornou uma divindade guardiã. Ele também é considerado a divindade mais alta no reino da forma, portanto muito exaltada em poder e virtude.

Oráculo Pérolas Kuan Yin

momentos, senão deixa de existir e a Fé se extingue. Assim como as nuvens de chuva, se elas estão presentes, há precipitação, se a Fé e a Esperança não estiverem presentes nada acontece.

Ainda somos alertados por esta Pérola que, se a raiz da árvore estiver em decomposição, podre, não produzirá frutos nem flores. Desta forma, se nossos pensamentos e sentimentos estiverem iguais a essa árvore, não poderemos desenvolver qualquer boa qualidade e nada acontece em nossas vidas.

Para iluminar seu caminho, o homem deve tomar uma decisão boa, deve ter uma resolução e mantê-la protegida, purificada e estabelecida com um propósito maior e, assim, tudo passa a ser.

Existe una narrativa budista Mahayana que tem o nome de Siksa Samuccaya[45], no qual se encontra a instrução sobre o assunto para quem busca e aspira ao caminho do Bodhisattva, sendo que, no início, cita o *Sutra do DahrmaSamhita*[46], descrevendo que a resolução deve ser firme, inabalável.

Resolução também significa benevolência para com todos os seres viventes, com todas as criaturas. Ter a verdadeira e completa compaixão para todas elas, não esquecendo, no entanto, da bondade, da amabilidade, da afabilidade e simpatia que nos deve ser um norte.

Oferecer proteção ao desprotegido como desejaríamos para nós. Da mesma forma, ajuda para o indefeso, refúgio para os que não o têm e recursos para os sem condições. Levar retidão para aquele que é distorcido, honradez para o voraz, honestidade para

---

45. Siksa Samuccaya, que poderia ser traduzida como Antologia do Treinamento, é um compêndio de Doutrina Budista nas escolas do Grande Veículo Mahayana. Apresenta o código de conduta correta para a iluminação do aspirante. É uma coleção de citações dos sutras budistas com comentários esclarecedores e perspicazes do mestre do norte da Índia Santideva.

46. Dharmasamshita, composto sânscrito que consiste nos termos Dharma e Samhita. Um código de leis especialmente relacionados ao trabalho de algum santo ou pessoa divina.

o desonesto e o falso, autenticidade para o impostor e o enganador e arrependimento para o cheio de malícias. Levar a verdade para quem vive na ilusão, no erro. Humildade para os prepotentes e orgulhosos e proteção e perdão para aquele que peca.

Além disto, e de muito mais, devemos escutar todos aqueles dignos de louvor, tendo disposição para aceitar as partes boas dos que nos advertem. E devemos sempre ter na vanguarda a verdadeira Compaixão, trazendo firme a determinação e a resolução para que todo esforço se torne uma luz brilhante.

Somente assim se pode começar a compreender como o Amor, e a resolução de sermos o Amor Vivente, requer as extensões específicas de nós com referência a diversos seres sencientes, que têm ausência disto tudo.

A Pérola nos oferece este ensinamento para aplicar em nossas existências, porque quando resolvemos amar a todos de forma incondicional, são infinitas as benesses que vem. Meditemos, reflitamos nas almas dos que nos procuram, dando-lhe cuidado e afeto. Meditar sobre os Santos Seres Crísticos e sobre seu atual estado de consciência. Cuidar de maneira essencial, pessoal, irradiando a Luz que chegará por Kuan Yin, buscando ser como Ela, aprendendo o sentido do verdadeiro Amar.

Para se conectar mais com esta manifestação de Kuan Yin faça a seguinte invocação:

Bem Amada Kuan Shi Yin, Senhora da Compaixão, da Misericórdia, da Piedade Divina, Eu (nome de batismo) em Nome da Minha Poderosa Presença EU SOU e da minha Santa Bodhisattva Búdica pessoal, recebo-a em meu coração e ofereço este mantra para que tu vertas a Tua Pérola da Compassividade Universal, dando-me forças inabaláveis para aprender a ser Sua resolução no amor para, verdadeiramente, amar e cuidar da vida, para que, por nós, Buda chegue a todos os seres sencientes, nutrindo ainda a Esperança para que no exercício do trabalho de meu ser possa estabelecer o nexo entre o Céu e a Terra. Peço ainda que todas as demais qualidades divinas sejam aperfeiçoadas na minha existência, cumprindo meu plano divino. Receba e envie milhares de raios de Luz a todas as almas irmãs que necessitem da Vossa Assistência e Compaixão, Divina Mãe, manifestando a perfeição em todos, fazendo fluir ainda uma corrente de Chama Lavanda como um caudal de Luz sobre nós e todos os filhos e filhas de Deus, segundo a Santa Vontade de Buda. Assim Seja.

Mantra completo: *Wo Xiang Pu Bei Guan Yin Kou Tou*
Pronúncia: *Wha Chiang Poo Bay Gwan Yin Koe Toe* (3x) *OM*
Mantra resumido: *Na-Mo P'u Pei Kuan Yin*
Pronúncia: *Nah-Mo Poo Bay Guan Een*
Significado: Homenagem ao sagrado nome de Kuan Yin, a Compassiva Universal.

28. Kuan Yin, Esposa de Ma Lang

PÉROLA 28
Kuan Yin, Esposa de Ma Lang

Nome chinês: Ma Lang Fu Kuan Yin
Significado: a esposa de Ma Lang, baseado em uma lenda.
Palavras-chave: renúncia, florescimento, renascimento, compartilhamento e sabedoria profunda.

Esta Pérola nos traz a mensagem de Kuan Yin da completa renúncia à vida conjugal pelo casamento, uma vez que os votos feitos são para servir ao Buda Vivente. O que tudo isto pode significar?

Bem, esta manifestação tem como base uma história que podemos dizer tratar-se de uma lenda chinesa, quando, na Era de Yün-Ha (806-820 d.C.), Kuan Yin concebera propagar o budismo entre o povo de Shênyü. Ela então apareceu como uma donzela muito bela que não vivia na cidade, uma vendedora de peixe, do campo, que tinha muitos pretendentes ao matrimônio. Visando eliminar os concorrentes, Ela anunciou que havia um requisito que deveria ser atendido: memorizar o capítulo do *Sutra do Lótus* de Kuan Yin, em uma única noite.

Para surpresa de todos, vinte dos pretendentes haviam completado essa missão, o que fez com que Ela, seguindo do mesmo modo, estabeleceu agora que deveria ser memorizado o *Sutra do Diamante,* para a manhã seguinte: permaneceram somente dez deles, mas ainda eram muitos. Um requisito final foi estabelecido então, Ela se casaria com o rapaz que memorizasse os sete volumes do *Sutra do Lótus* (*Saddharma Pundarika Sutra*[47]) inteiro, em três dias. Somente um jovem, chamado Ma Lang, foi capaz de realizar esta façanha.

Planejado o matrimônio, quando a cerimônia estava para ter início, a jovem de repente ficou doente e morreu. Logo depois que foi sepultada um velho monge amigo da família de Ma visitou a casa e, no local da cova, cavou a terra com seu cajado. Para assombro de todos, somente encontraram no caixão pedaços de ossos, que se converteram em ouro. O Monge ancião então explicou que Ela não tinha um fluxo mortal. Ela havia sido uma santa que, devido ao meio misericordioso, tinha vindo para ser vista daquela forma e liderar a outros até a salvação. Ele revelou, portanto, que era uma manifestação de Kuan Yin.

Ao dizer isto, o sacerdote desapareceu rapidamente. Desde então, as pessoas dali se converteram em devotas a Kuan Yin, que surgira para apresentar sua Misericórdia, para que pensassem no Dharma e para reprimir as maldades daquele povo.

Esta manifestação também é retratada de outra forma, levando na mão direita um pergaminho e um crânio feminino na mão esquerda.

---

47. Sutra da doutrina Mahayana, formando com suas referências a Amida e os Bodhisattvas a base para a doutrina de que há algo de Buda em todos, de modo que a salvação está universalmente disponível: um texto central do Budismo Mahayana.

As manifestações básicas de Kuan Shi Yin

Existe uma lenda similar, a da Princesa Miao Shan[48], que se dedicou a Buda, ao invés de se casar com o Imperador, como seu pai desejava.

Assim, nos diz o *Sutra do Lótus* que: "Se há aqueles seres sencientes que podem ser libertados por uma senhora, a Bodhisattva aparecerá nesta forma para ensinar-lhes o Dharma".

Ma Lang Fu Kuan Yin vem para nos afirmar que, no momento certo, nós escolheremos o caminho, buscando o alicerce espiritual, neste caso, o auxílio de Kuan Yin.

Isso quer dizer que, ao enterrarmos nossas convicções antigas e ultrapassadas, podemos renascer para um novo tempo, para uma nova existência, permitindo que o caminhar seja suave, sem dores, sem sofrimento, muitas vezes trazendo até mesmo o alívio imediato.

Kuan Yin traz a oferta da liberação por intermédio do Lótus que traz em sua mão, oferecendo esta flor para que se possa florescer quando a penumbra, a névoa, encobre a perfeição, elevando-se à Luz que iluminará os caminhos.

Este renascimento surge como ondas de energia de Luz. A decisão é de cada um de quando deve ser este momento. É o casamento alquímico da alma com o Buda Interno, quando podemos buscar no superconsciente a fonte da nossa intuição, dos nosso mais altos valores e a comunhão com Deus, enquanto o nosso consciente se ocupa contemplando como planejar este dia e as ações diárias, mas com a direção divina.

A Pérola ainda nos diz que a cada dia é uma oportunidade para a alma alcançar mais um elemento para a sua transformação e ser o senhor dessa existência perene aqui na Terra, porque nós não passamos de um momento para o outro da oitava humana para a divina, mas, sim, passo a passo, subindo as escadas douradas da sabedoria.

---

48. Para melhor esclarecimento a respeito, leia o livro *No Coração de Kuan Yin: onde nasce a compaixão*, de Márcos Latàre e Valdiviáh Lâtare. Editora Alfabeto, 4ª edição, 2021.

Este mantra nos convida a encontrar o caminho para a consciência superior e ensina o discernimento entre espíritos, nos preparando para compartilhar nossas descobertas com os outros.

Para se conectar mais com esta manifestação de Kuan Yin faça a seguinte invocação:

Bem Amada Kuan Shi Yin, Senhora da Compaixão, da Misericórdia, da Piedade Divina, Eu (nome de batismo) em Nome da Minha Poderosa Presença EU SOU e da minha Santa Bodhisattva Búdica pessoal, recebo-a em meu coração e ofereço este mantra para que tu vertas a Tua Pérola do renascimento, do florescimento de novas convicções, do compartilhamento dessa Luz e a liberação de meus caminhos para, passo a passo, eu poder galgar os degraus da elevação e da sabedoria. Peço ainda que todas as demais qualidades divinas sejam aperfeiçoadas na minha existência, cumprindo meu plano divino. Receba e envie milhares de raios de Luz a todas as almas irmãs que necessitem da Vossa Assistência e Compaixão, Divina Mãe, manifestando a perfeição em todos, fazendo fluir ainda uma corrente de Chama Lavanda como um caudal de Luz sobre nós e a todos os filhos e filhas de Deus, segundo a Santa Vontade de Buda. Assim Seja.

Mantra completo: *Wo Xiang Ma Lang Fu Guan Yin Kou Tou*
Pronúncia: *Wha Chiang Ma Lang Foo Gwan Yin Koe Toe* (3x) *OM*
Mantra resumido: *Na-Mo Ma Lang Fu Kuan Yin*
Pronúncia: *Nah-Mo Ma Lahng Foo Guan Een*
Significado: Homenagem Ao Sagrado Nome De Kuan Yin Esposa De Ma-Lang.

PÉROLA 29
Kuan Yin da Súplica e do Rogo

Nome chinês: He Zhang Kuan Yin

Significado: a com as palmas das mãos unidas em oração, simbolizando a harmonia e a boa vontade com os outros.

Palavras-chave: desprendimento, dedicação, oração, súplica e rogo.

Esta Pérola manifesta e representa a dedicação de toda uma vida para um caminho espiritual. Ela nos ensina a termos a devoção e os dons do Espírito Divino, traz o poder da oração consciente, que é infinito e destina-se aos momentos em que precisamos rezar ou orar por uma pessoa ou uma situação.

No *Sutra do Lótus* podemos encontrar que: "Se houverem seres sencientes que podem ser liberados por um brâmane, a Bodhisattva aparecerá nesta forma para ensinar-lhe o Dharma".

Nesta manifestação, Kuan Yin permanece em pé, com as duas palmas das mãos em oração e saudação. Embora este surgimento tenha destaque de nobreza, Ela está livre do egoísmo e do orgulho, saudando humildemente todos os seres sencientes como futuros Budas.

Todas as pessoas que são devotas de Kuan Yin, tanto na China quanto em outros países, creem que Ela aparecerá àqueles que suplicam ou rogam ou até mesmo fazem suas orações de devoção com desprendimento das coisas deste mundo. Essas invocações dedicadas a Ela trazem grandes bênçãos. Os vinte e cinco capítulos do *Sutra do Lótus*, que também são conhecidos como *Sutras de Kuan Yin*, são invariavelmente recitados muitas vezes ao dia pelos que acreditam.

Esta Pérola nos diz que devemos orar com fé para sermos atendidos, no mínimo por 33 vezes ou até mesmo em múltiplos ou em mil vezes, que Kuan Yin, a que ouve os brados, os choros, as lamúrias, as dores e os sofrimentos dos seres sencientes atenderá. Muitas vezes poderão ocorrer salvamentos de fatos perigosos que surgem inesperadamente, porém a Bodhisattva com sua Iluminada Presença Eletrônica se fará presente e afastará de alguma forma esse perigo. Muitos e muitos milagres são retratados nas histórias e nas chamadas "lendas" sobre a ação Dela. As tradições budistas estão cheias de histórias que ilustram a Kuan Yin da súplica e do rogo.

He Zhang Kuan Yin vem para nos indicar que uma das maiores bênçãos que pode vir para um ser senciente encarnado é o despertar do sentido divino e a maravilha infantil que muitos manifestaram cedo em suas vidas. O encontro com a verdade sublime de que orando somos ouvidos, pedindo somos atendidos. Ao aprender e ensinar o caminho que Kuan Yin nos oferece, podemos tornar sublimes muitas vidas e, ao nos elevarmos às planícies e campinas superiores, deixamos para trás as pegadas nas areias do tempo.

As manifestações básicas de Kuan Shi Yin

Com a oração podemos atingir o que há de melhor em nós mesmo, a voz da alma que clama e que roga pelo derramamento da Luz, como experiência da própria fé no estabelecimento da Aliança com a Senhora da Compaixão.

Esta Pérola indica também o auxílio de Kuan Yin para que os seres sencientes alcancem a prosperidade de todas as formas possíveis.

Para se conectar mais com esta manifestação de Kuan Yin faça a seguinte invocação:

> Bem Amada Kuan Shi Yin, Senhora da Compaixão, da Misericórdia, da Piedade Divina, Eu (nome de batismo) em Nome da Minha Poderosa Presença EU SOU e da minha Santa Bodhisattva Búdica pessoal, recebo-a em meu coração e ofereço este mantra para que tu vertas a Tua Pérola da Súplica e Rogo para que minha devoção e orações cheguem a ti, e que eu tenha desprendimento das coisas mundanas para ser Sua manifestação na Terra e estar no caminho da Iluminação Búdica. Peço ainda que todas as demais qualidades divinas sejam aperfeiçoadas na minha existência, cumprindo meu plano divino. Receba e envie milhares de raios de Luz a todas as almas irmãs que necessitem da Vossa Assistência e Compaixão, Divina Mãe, manifestando a perfeição em todos e fazendo fluir uma corrente de Chama Lavanda como um caudal de Luz sobre nós e todos os filhos e filhas de Deus, segundo a Santa Vontade de Buda. Assim Seja.

Este é um mantra de auxílio poderosíssimo.

Mantra completo: *Wo Xiang He Zhang Guan Yin Kou Tou*
Pronúncia: *Wha Chiang Herh Jahng Gwan Yin Koe Toe* (3x) *OM*
Mantra resumido: *Na-Mo Ho Chang Kuan Yin*
Pronúncia: *Nah-Mo Huh Jahng Guan Een*
Significado: Homenagem ao Sagrado nome de Kuan Yin da Oração.

PÉROLA 30
Kuan Yin da Unidade

Nome chinês: Yi Ru Guan Yin

Significado: a da Unidade de todas as maneiras, significando plenitude e a integração de si mesmo com Kuan Yin.

Palavras-chave: plenitude, unidade, conquista, apaziguamento e vitória sobre vícios.

Nesta Pérola podemos ver Kuan Yin viajando sobre uma nuvem flamejante sobre seu animal de poder e tendo o domínio sobre toda a energia. Ela vem navegando pelo ar para conquistar o trovão e os relâmpagos, como um símbolo de que a Verdade preenche todo o Universo físico e que a Unidade não é dual.

O sofrimento é instantaneamente liberado quando, finalmente, renunciamos ao EU e MEU, que é o entendimento limitado do mundo.

As manifestações básicas de Kuan Shi Yin

Desta forma, se houveres nuvens trovejantes, donde saem raios como fogo abrasante, caindo ao mesmo tempo granizo ou pedras de gelo, pelo poder de invocar esta Avalokiteshvara tudo isso será dissipado, disperso em "dois tempos".

Quando ela surge sendo invocada, passa a ser o antídoto no tempo de guerra, tumultos, revolta, movimentos agressivos da população, incluso em caso de perigo ou eventual guerra nuclear ou semelhante.

Ensina-nos, aqui, nesta Pérola, a termos a Unidade do Ser, uno com Deus no Espírito. É o corpo (espiritualmente, alquimicamente, quimicamente) na vibração do Uno Divino, que, para tanto, pode manifestar a neutralização do que surge e parece como a dualidade desse perigo, dessa morte e do tormento que pode vir sobre a Terra.

Significa que se estiver em momentos de conflitos interiores, guerras internas, quer seja emocional, quer seja mental, podemos pedir seu auxílio.

Qualquer tipo de conflito pode ser dissipado pelo fato de Ela estar viajando sobre a nuvem, purificando todo resíduo nocivo do ar, inclusive, o ambiente terrestre.

A sua conquista é o trovão – todos os trovões, todos os sons feitos pelo homem, todas as explosões, tudo o que possa vir sobre nós através do clima, do vento, da onda, do furacão e dos inimigos ocultos ou revelados que têm realizado seus jogos de guerra neste Planeta por milhares de anos.

Diz-nos esta Pérola que a harmonia se apresenta, ensinando--nos a nos elevar acima das vibrações materiais deste mundo e a nos manter centrado quando surgir a aparência ou a presença da energia negativa. Traz também a unidade com a fonte universal e a sabedoria (obrigatória) de que tudo está interligado e pertence a uma unidade maior, reunindo, desta forma, as partes do que estava separado.

Também a explosão de nossas emoções e tudo que possa afetar esse campo energético. E traz, também, o apaziguamento dos distúrbios, provocando a paz e tranquilizando os ambientes onde sua aura se expande. Além de tudo isto, pode ser erradicado todo tipo de situação, conflito, problemas, mesmo os relacionados com vícios, drogas, ataques a crianças, jovens e adolescentes ou até mesmo em nível de equilibrar o processo econômico nosso, do país ou do mundo.

Esta Pérola nos diz que achamos aqui a proteção necessária aos perigos do tempo e do espaço, vencendo a dualidade, porque, nesta unidade, é necessário compaixão tanto quanto decisão e equilíbrio cármico, quitando nossas contas com a vida e não permitindo de forma alguma que algum adversário ou energia intrusa vá contra esta essência pura que devemos buscar. Se permitirmos isto, entraremos na dualidade, mas pela Lei da Unicidade ou do Uno nos convertermos em amor puro, no que devemos refletir e espelhar por todos os caminhos e lugares que passarmos, expandindo essa Luz sem sermos molestados e permanecendo ilesos.

Para se conectar mais com esta manifestação de Kuan Yin faça a seguinte invocação:

Bem Amada Kuan Shi Yin, Senhora da Compaixão, da Misericórdia, da Piedade Divina, Eu (nome de batismo) em Nome da Minha Poderosa Presença EU SOU e da minha Santa Bodhisattva Búdica pessoal, recebo-a em meu coração e ofereço este mantra para que tu vertas sobre mim a Tua Pérola da Unidade e de todas as formas, para que minha devoção e orações cheguem a ti, para a vitória sobre os problemas, vícios e domínio sobre as energias discordantes, negativas e destruidoras. E que tenha harmonia, saia da dualidade do ser e nos dê Tua proteção sobre tudo o que possa vir contra mim, e me converta na Unicidade do Ser com o Todo. Peço ainda que todas as demais qualidades divinas sejam aperfeiçoadas na minha existência cumprindo meu plano divino. Receba e envie milhares de raios de Luz a todas as almas irmãs que necessitem da Vossa Assistência e Compaixão, Divina Mãe, manifestando a perfeição em todos, fazendo fluir ainda uma corrente de Chama Lavanda como um caudal de Luz sobre nós e todos os filhos e filhas de Deus, segundo a Santa Vontade de Buda. Assim Seja.

Mantra completo: *Wo Xiang Yi Ru Guan Yin Kou Tou*
Pronúncia: *Wha Chiang Yee Roo Gwan Yin Koe Toe* (3x) *OM*
Mantra resumido: *Na-Mo I Ju Kuan Yin*
Pronúncia: *Nah-Mo Ee Roo Guan Een*
Significado: Homenagem ao Sagrado nome de Kuan Yin da Unidade.

PÉROLA 31
Kuan Yin da Não Dualidade

Nome chinês: Bu Er Guan Yin

Significado: a Kuan Yin, não dual, não separada ou dividida ou fraturada de si mesma.

Palavras-chave: remover ilusão, desapego à forma e conquista da mente.

  Esta Pérola vem mostrar a proteção contra energias negativas percebidas e suspender o julgamento que fazemos para conquistar eventuais crenças em quaisquer divisões, externa ou internamente, proporcionando, assim, a remoção da ilusão existente e favorecendo a cura do aspecto da sombra em nós.

  Nesta representação, Ela aparece como uma divindade guardiã. Como uma portadora do Vajra em pé sobre uma folha de lótus, flutuando na superfície da água, com ambas as mãos à frente do corpo e cruzadas.

Esta forma é venerada por sua habilidade de proteger todos os Budas de forças maléficas e prejudiciais.

Encontramos no *Sutra do Lótus* que: "Se há algum ser senciente que pode ser liberado pelo portador do Vajra, Ela aparecera nesta forma para ensinar-lhe o Dharma".

Esta manifestação é considerada o outro lado daquela da unidade. Não dualidade refere-se à natureza das manifestações pacíficas e ferozes da Bodhisattva.

Bu Er Guan Yin vem nos ensinar o conceito da não dualidade, esclarecendo que não devemos nos apegar à forma, porquanto, neste caso, nós somos o Bodhisattva, mas não uma imagem ou fotografia, da mesma forma que sabemos que não somos dois, senão um.

Então, se nos esquecemos do EU, para sermos NÓS, se alcançarmos essa não dualidade, se podemos fazer isso, então somos Kuan Yin. Necessitamos, pois, ser Kuan Yin para alcançar a não dualidade. Não devemos buscá-la fora senão no despertar repentino da sua própria natureza. Ela é nós. Você é Kuan Yin. A Unidade com a Bodhisattva.

Sabemos que há uma forte crença budista na interseção poderosa que é feita por qualquer pessoa que invoca somente mentalmente o nome de Kuan Yin, visando também o objetivo da não dualidade. Isto ocorre quando, ao se concentrar no nome de Kuan Yin, o Eu se torna a experiência e o experimentador, sendo, portanto, Um e sem diferença com a Mente Única.

A Pérola nos indica a possibilidade de afirmarmos uma oração ou honrarmos a Bodhisattva.

Assim manifestado "Quando te honro, Ó, Divina Kuan Yin", significa que é Kuan Yin honrando a Kuan Yin, ou seja, somos nós como Ela. Isso porque Ela se manifesta de várias formas para cumprir sua missão, seu voto, no entanto, Ela é a Realidade Una.

Podemos entender isso refletindo como a Luz que está nos céus e irá refletir na água abaixo se esta for límpida, clara, da mesma forma que um espelho brilhante faz a imagem aparecer. Tudo isto é o surgimento, a aparição da própria natureza em si, o Reino de Deus dentro de cada um de nós, se assim podemos dizer, ou ainda, como os eruditos afirmam, chamando-a de Kuan Yin.

Para se conectar mais com esta manifestação de Kuan Yin faça a seguinte invocação:

Bem Amada Kuan Shi Yin, Senhora da Compaixão, da Misericórdia, da Piedade Divina, Eu (nome de batismo) em Nome da Minha Poderosa Presença EU SOU e da minha Santa Bodhisattva Búdica pessoal, recebo-a em meu coração e ofereço este mantra para que tu vertas sobre mim a Tua Pérola da Não Unidade para remover toda a ilusão existente em minha estrada, possibilitando a conquista sobre as divisões da mente e ser uno(a) contigo. Peço ainda que todas as demais qualidades divinas sejam aperfeiçoadas na minha existência cumprindo meu plano divino. Receba e envie milhares de raios de Luz a todas as almas irmãs que necessitem da Vossa Assistência e Compaixão, Divina Mãe, manifestando a perfeição em todos, fazendo fluir ainda uma corrente de Chama Lavanda como um caudal de Luz sobre nós e todos os filhos e filhas de Deus, segundo a Santa Vontade de Buda. Assim Seja.

O mantra a seguir, nos conduz ao outro lado da chama da Unidade. Temos na verdade inúmeros mantras da Senhora da Compaixão, quando pronunciamos qualquer um deles, devemos meditar acerca desta Realidade de sua própria natureza, especialmente como a Mãe Divina dentro de nós. A Essência divina.

Desta forma, o mantra se converte no som que desperta a própria natureza específica que é retratada e encarnada por Kuan Yin através da Palavra falada.

Sim, porque Kuan Yin veio a essa existência como um Ser proveniente do Olho de Amitabha, e o feixe no olho Dele é um feixe de Luz, som e consciência, portanto, Kuan Yin é som em manifestação.

Quando recitamos ou entoamos o mantra nos convertemos nele e assim nos transformamos em tudo o que Kuan Yin é.

Mantra completo: *Wo Xiang Bu Er Guan Yin Kou Tou*
Pronúncia: *Wha Chiang Boo-Ahr Gwan Yin Koe Toe* (3x) *OM*
Mantra resumido: *Na-Mo Pu Erh Kuan Yin*
Pronúncia: *Nah-Mo Boo "R" Guan Een*
Significado: Homenagem ao Sagrado Nome de Kuan Yin da Não Dualidade.

PÉROLA 32
Kuan Yin segurando o Lótus

Nome chinês: Chi Lian Hua Kuan Yin
Significado: a que tem o símbolo de lótus de domínio dos chacras.
Palavras-chave: desabrochar, luz interior, iluminação e pureza.

Esta Pérola vem representar a manifestação de Kuan Yin que surge quando houver aqueles seres sencientes que podem ser libertados por um menino ou por uma menina, então ela vem para ensinar-lhe o Dharma.

Nesta manifestação Ela segura com ambas as mãos uma haste longa com dois lótus, uma dos quais floresceu e abriu, simbolizando a mente que está totalmente iluminada, com a mente que está caminhando em direção à iluminação.

Kuan Yin, quando surge nesta representação, vem transmitir a mensagem do ensinamento de que a iluminação está em nossas mãos, e de que podemos tudo, exatamente quando surge a dúvida e a incerteza decorrente de pensamentos de impotência ou de sermos seres pequenos, inferiores, incapazes.

Esta simbologia vem significar para nós que este lótus, quando protegido em nossos corações, sustém o poder, a pureza e a própria luz interior. Temos então este controle que se torna absoluto, controlando conscientemente os chacras e as emanações de luz através destes. Para tanto, podemos nos utilizar do mantra desta manifestação.

De outra banda, temos que esta Bodhisattva é também conhecida por outro nome, isto é, Bodhisattva PadmaPani[49] da mandala Garbhakosa. Encontraremos no budismo que o significado e a representação do lótus[50] é a pureza e a iluminação perfeita. Este é o símbolo da própria natureza búdica, e os que têm este segmento espiritual inerente a todos seres sencientes. Esta natureza que falamos é também inerente ao que conhecemos como a Chama Trina dentro de nossos corações, nossos santos seres Crísticos, mesmo na Anthakarana, na Presença EU SOU, na Coroa da Vida Eterna e no grande poder que percebemos vibrando, pulsando e percorrendo desde o chacra da base até a coroa, num fluxo constante.

A razão deste lótus sustentado por ela vem demonstrar o voto de Kuan Yin em renunciar ao nirvana para estar presente até que todos os seres sencientes sejam despertos e libertados completamente até a salvação. É a representação de que estamos sustentando este lótus, que ainda poderíamos dizer que, na verdade, simbolicamente, são doze lótus, bem como naquele oitavo chacra ou oitavo raio[51], neste plano em que nos encontramos, o universo material e, especificamente, em nosso corpo físico.

Significa que, ao segurarmos ou sustentarmos a lótus, mantemos a luz, porque de outra maneira, se não o fizermos, a luz retorna à sua origem. Quando a sustentamos aqui embaixo, ainda temos

---

49. Também conhecido como detentor do Lótus. Seu atributo uma flor de lótus azul.

50. Leia *No Coração de Kuan Yin: onde nasce a compaixão*, de Márcos Latàre e Valdiviáh Lâtare. Editora Alfabeto, 4ª edição, 2021.

51. Leia *O Poder dos 12 Raios Cósmicos e seu Triângulo de Missão*, de Márcos Latàre e Valdiviáh Lâtare. Editora Alfabeto, 2ª edição, 2023.

As manifestações básicas de Kuan Shi Yin

uma equivalência com a Luz da Mãe Divina que nos conforta nos momentos cruciais que surgem em nossa vida.

Importante que, desta forma, permitindo encarnar a plenitude, digamos da polaridade positiva do Pai com a Luz da Mãe, podemos ascender. Isto é iluminar-se.

Devemos aprender ainda que, a representação simbólica aqui do voto do Bodhisattva é para percebermos, de forma correta, o requisito temporal, do momento certo, da hora certa, e aprendermos a trabalhar as energias dos chacras.

Para se conectar mais com esta manifestação de Kuan Yin faça a seguinte invocação:

Bem Amada Kuan Shi Yin, Senhora da Compaixão, da Misericórdia, da Piedade Divina, Eu (nome de batismo) em Nome da Minha Poderosa Presença EU SOU e da minha Santa Bodhisattva Búdica pessoal, recebo-a em meu coração e ofereço este mantra para que tu vertas sobre mim a Tua Pérola do Lótus sagrado, a fim de que eu possa manifestar a iluminação e possa, em meu coração, suster o poder, assim como a pureza e a própria luz interior, controlando a energia de cada um dos chacras e expandido esta luz. Peço ainda que todas as demais qualidades divinas sejam aperfeiçoadas na minha existência, cumprindo meu plano divino. Receba e envie milhares de raios de Luz a todas as almas irmãs que necessitem da Vossa Assistência e Compaixão, Divina Mãe, manifestando a perfeição em todos, fazendo fluir ainda uma corrente de Chama Lavanda como um caudal de Luz sobre nós e todos os filhos e filhas de Deus, segundo a Santa Vontade de Buda. Assim Seja.

Mantra completo: *Wo Xiang Chi Lian Hua Guan Yin Kou Tou*
Pronúncia: *Wha Chiang Tche Lee-En Hwa Gwan Yin Koe Toe* (3x) *OM*
Mantra resumido: *Na-Mo Ch'ih Lien Hua Kuan Yin*
Pronúncia: *Nah-Mo Tche(r) Lee en Hwha Guan Een*
Significado: Homenagem ao sagrado nome de Kuan Yin que segura a Flor do Lótus.

33. Kuan Yin da Água Pura

PÉROLA 33
Kuan Yin da Água Pura

Nome chinês: Sa Shui Kuan Yin

Significado: a da água pura, significando néctar divino e pura luz líquida.

Palavras-chave: perdão compaixão, piedade, misericórdia e purificação.

Nesta Pérola Kuan Yin surge levando água pura. Um jarro na mão esquerda, símbolo da purificação. O jarro contém a água da vida, o doce rocio, o néctar da sabedoria e da compaixão. É a água da vida fluindo, pura, clara e cristalina. Um cordão puro e cristalino que sai de sua Presença EU SOU. É o jarro que levamos, o nosso Chacra do Coração e todos nossos chacras.

A água da Mãe Divina também se eleva desde o Chacra Base, portanto, a água pura nos dá a Mestria Divina, não só nos signos de Água das doces hierarquias do Sol, como também de Fogo, do

Ar e da Terra. Nós devemos recordar o doce rocio e o néctar que é nosso e vem desde o Chacra da Coroa.

O *Sutra do Lótus* nos diz que: "Se houveram seres sencientes levados por grandes volumes de águas, flutuando impotentes no dilúvio, pelo poder de invocar a Avalokiteshvara, será capaz de alcançar áreas rasas. Kuan Yin, assim, tem a habilidade de salvar vítimas dos desastres que ocorrem pelas águas".

Sa Shui Kuan Yin representa as muitas bênçãos de Kuan Yin, que vem mais uma vez nos ensinar sobre a cura, cujos processos desarmônicos nos corpos dos seres sencientes são transformados pelos poderes do Perdão, Misericórdia e Compaixão. A água pura que verte do Vaso da Bodhisattva é capaz de acabar com toda espécie de sofrimento.

Esta Pérola ainda representa o estado iluminado e a pureza do ser, trazendo mais próxima à energia da compassividade. Assim, nos fala da perfeição que pode ser obtida pelo aperfeiçoamento constante, contínuo, que faz sua movimentação em consonância com a própria evolução individual. Ela representa a perfeição.

Quando esta água pura verte, traz consigo toda essa energia de Kuan Yin da imaculada Compaixão Divina, o estágio da luz e esta própria perfeição que é, de certa forma, constantemente aperfeiçoada numa distinta movimentação, como da própria água, unindo-se ao processo evolutivo.

O vaso de água pura, muitas vezes na mão esquerda, às vezes mostrado despejando água, é um dos Oito Símbolos de Boa Sorte na cultura chinesa. O vaso contém água pura capaz de aliviar o sofrimento e a doença.

Para se conectar mais com esta manifestação de Kuan Yin faça a seguinte invocação:

> Bem Amada Kuan Shi Yin, Senhora da Compaixão, da Misericórdia, da Piedade Divina, Eu (nome de batismo) em Nome da Minha Poderosa Presença EU SOU e da minha Santa Bodhisattva Búdica pessoal, recebo-a em meu coração e ofereço este mantra para que tu vertas sobre mim a Tua Pérola do Néctar e da Luz Pura que emana de Ti,

trazendo a purificação do Rio da Vida, para que haja perfeição em mim, banhando todos meus chacras para meu aperfeiçoamento constante. Peço ainda que todas as demais qualidades divinas sejam aperfeiçoadas na minha existência, cumprindo meu plano divino. Receba e envie milhares de raios de Luz a todas as almas irmãs que necessitem da Vossa Assistência e Compaixão, Divina Mãe, manifestando a perfeição em todos, fazendo fluir ainda uma corrente de Chama Lavanda como um caudal de Luz sobre nós e todos os filhos e filhas de Deus, segundo a Santa Vontade de Buda. Assim Seja.

Depois do mantra realizado, agradeça calmamente e em silêncio por ter ouvido suas preces.

Mantra completo: *Wo Xiang Sa Shui Guan Yin Kou Tou*
Pronúncia: *Wha Chiang Sah Shue Gwan Yin Koe Toe (3x) OM*
Mantra resumido: *Na-Mo Sa Shui Kuan Yin*
Pronúncia: *Nah-Mo Sah Shway Guan Een*
Significado: Homenagem ao sagrado nome de Kuan Yin da Água Pura.

PÉROLA 34

Kuan Yin – Passado

Nome em chinês: Guòqù de Guan Yin

Pronúncia: Guok de Guañ eñ

Significado: Kuan Yin do passado, que instrui sobre as lembranças de memórias antigas.

Palavras-chave: perdão, misericórdia, retorno, ponto focal, origem, manifestação e marco inicial.

Nesta Pérola, Kuan Yin se manifesta trazendo as lembranças perdidas no passado, dentro das memórias dos seres sencientes. É o plantio das sementes de manifestação no amanhã (futuro próximo) e no mais além (futuro distante). As sementes cármicas representam o passado, portanto, está seguindo a situação atual, o problema que poderia ser mais desenvolvido.

Somos instruídos, neste momento, que tudo está interligado a um processo que dizemos ser cármico, uma influência vibratória para melhor compreensão de si mesmo, estacionária no tempo, que aguarda o movimento. O que se altera é a proporção da influência que acarreta e suas consequências na encarnação. À medida que o tempo passa, a estagnação vai atingir um momento em que o ser senciente está vivendo. Assim, ocasiona acontecimentos súbitos, inesperados, cuja perplexidade gera várias questões infindáveis e inúmeros questionamentos.

Agora, é o momento da reflexão, da busca do entendimento, das respostas mais profundas no ser. O carma é um processo contínuo, que pode envolver sempre vidas passadas, por mais remotas que sejam. Entretanto, o passado mais próximo também acarreta a construção destes débitos, por isso é necessário aprender ou reaprender a realidade da vida como existência infinita. Esta vida tem um plano inerente. Se não se instrui, seu viver segue um fluxo deveras limitado. Surgem os movimentos que são testes básicos entre o bem e o mal, que se submetem ao teu livre-arbítrio sempre. A escolha é livre, a semeadura é livre, a colheita é obrigatória.

Então, entendamos a origem desta manifestação de Kuan Yin. Desta forma, se buscarmos nos textos sagrados chineses, encontraremos histórias dos imortais, aqueles que trouxeram a cultura para aquele povo, que teriam chegado aqui vindo das estrelas, como "Filhos dos Céus", e que teriam caído na Ilha das Flores, situada provavelmente no chamado Deserto de Gobi, que posteriormente seria chamada de a região do reino habitado por Kuan Yin.

Textos antiquíssimos detalham, desde esta antiguidade remota, a capacidade de navegação das naves celestes (veículo joia ou diamante) que iam de um plano existencial (mundos) para outros, pelos Universos sem fim.

Nos textos referidos, (Sutras) consta que, Lao Tsé, o sábio (604 a.C.) autor do *Tao Te King*, que foi a base do Taoísmo, no final de sua existência terrena dirigiu-se ao país de Kuan Yin e nunca

As manifestações básicas de Kuan Shi Yin

mais foi visto, sendo sua morte não constatada. Há esculturas que mostram esta fuga Dele montado em seu búfalo, a caminho do local mítico.

Muitas outras personalidades chinesas, segundo outros documentos históricos, demonstram que viajaram ao encontro da Deusa, dentre elas o Imperador Kung Ti (Dinastia Chu ou Chou – 1001- 946 a.C.), Wu-Ti (Dinastia Han – 140-86 a.C.) que teve a honra da visita de Kuan Yin no seu palácio. Ko Yuan (ou Hsuan), um letrado, afirmava que o Taoísmo fora dado a Lao-Tse pela Rainha Mãe como ciência e que as suas próprias revelações filosóficas tinham o mesmo endereço.

Estas colocações foram para favorecer o entendimento de que podemos ir ao encontro desta Bodhisattva, bastando desejar e seguir o caminho correto, pois o auxílio dado por Ela é certo.

Diz-nos a Pérola, neste momento, que pondereis assim no vosso coração: "deixaste uma pedra em vosso passado que se tornou dura? Então é o momento de lidar com ela. Lançai-a fora. Restaure esse vosso local sagrado com a plenitude do elixir da Misericórdia. Pois se amanhã, em teu presente, passásseis da tela da vida, ou daqui a seis meses ou mais tempo, não importa qual seja, não deixeis nada por fazer, pois se espera de ti que lanceis no fogo sagrado o coração sem misericórdia, o coração de pedra".

Desta forma, possa vossa vida ser de realização, pois deixastes para trás todas as pedras de tropeço. Não há injustiça no universo. Portanto, contai que Deus recompensará de acordo com essa premissa e deixai que a Misericórdia e a Justiça habitem para sempre em vós.

Perdoai àqueles que não podem compreender-te, mas tenha amor por si próprio o suficiente para cumprir seu propósito de vida, pois em muitos momentos poderá se ver só e com incompreensão. Seu chamado, sua missão, a peça que vai desempenhar, são de ordem divina. Ouça. Perceba. Veja.

E mais, esta Pérola adverte que, em primeiro lugar, devemos plantar as sementes cármicas em nosso próprio campo áurico, onde se alojam, ou seja, nos chamados átomos permanentes[52], e que um dia virão à tona.

Para tanto, colocai um bloco de notas em vossa mesa de cabeceira e escrevei os nomes das pessoas a quem não perdoastes que venham a vossa mente. Procurai-as, pedi perdão, e se não mantivestes contato com elas, ide ao vosso altar de orações e resolvei isto. Tudo se anuviará.

Portanto, a prática de atos de generosidade, de gentileza, de amor, de caridade e de perdão, etc. florescerão na atual existência, já no seu presente, ou no futuro, mesmo em vidas outras subsequentes. Ter esta visão neste momento leva à consideração de que não há injustiça no Universo, assim não mais julgando que a vida lhe foi injusta, mas, sim, entendendo esta lição particular que tua alma tinha que aprender ao passar por esta existência.

O chamado desta Pérola é ter confiança, fé, não questionando para além dos limites conscientes a fim de saber que há uma estrutura e uma ordem divina em todas as coisas. Confiar no Criador e em Kuan Yin, lançando-se à promoção de sua mudança, ser um transformador de forma, num simples ato de realizar seu propósito maior da vida e tudo lhe será acrescentado.

Assim, podemos decretar e realizar o mantra para nossa conexão com Kuan Yin do Passado:

Bem Amada Kuan Shi Yin, Senhora da Compaixão, da Misericórdia, da Piedade Divina. Divina intercessora, Onisciente e Onipresente, Eu (nome de batismo) em Nome da Minha Poderosa Presença EU SOU e da minha Santa Bodhisattva Búdica pessoal, recebo-a em meu coração e ofereço este mantra para que tu vertas sobre mim a Tua Pérola do Passado, para que possa compreender a origem e trazer minhas memórias perdidas no tempo, para que expressem pela ponderação de meu coração qual pedra ou pedras deixei no caminho e que

---

52. Átomos permanentes que se encontram nos quatro corpos inferiores, são estruturas minuciosas do registro que trazem marcas das nossas vidas ao longo das encarnações.

As manifestações básicas de Kuan Shi Yin

acarreta estas consequências em minha vida presente, auxilia-me a perdoar infinitamente a quem ofendi e a quem me ofendeu de alguma forma. Peço ainda que todas as demais qualidades divinas sejam aperfeiçoadas na minha existência, cumprindo meu plano divino. Receba e envie milhares de raios de Luz a todas as almas irmãs que necessitem da Vossa Assistência e Compaixão, Divina Mãe, manifestando a perfeição em todos, fazendo fluir ainda uma corrente de Chama Lavanda como um caudal de Luz sobre nós e todos os filhos e filhas de Deus, segundo a Santa Vontade de Buda. Assim Seja.

Mantra completo: *Wo Xiang Kou Tou guòqù Gua In Kou tou*
Pronúncia: *Wha Chiang Kou Tou guòqù Gua In Koe Toe*
Mantra resumido: *Na-Mo Guòqù de Guan Yin*
Pronúncia: *Nah-Mo Guok de Guān eñ*
Significado: Saudação ao Sagrado nome de Kuan Yin – Passado.

Para esta manifestação, pode ser utilizado também este mantra:

Mantra resumido: *Chiu K'u Chiu Nan P'u-Sa Lai*
Pronúncia: *Jee-oh Koo Jee oh Nahn Poo-Sah Lye*
Significado: Salva-me do sofrimento, salva-me da calamidade, Bodhisattva vem.

PÉROLA 35
Kuan Yin – Presente

Nome em chinês: Liwù Guan In

Pronúncia: Liwù Guãn Eñ

Significado: Kuan Yin, que traz as respostas das ocorrências na vida presente, do aqui e agora.

Palavras-chave: livre-arbítrio, ação e reação, escolhas e carma maduro.

Esta Pérola diz acerca das raízes dos movimentos e das ocorrências da vossa existência do aqui e agora. Ela indica a direção para a qual você pode estar indo.

Kuan Yin, nesta manifestação, vem noticiar dia após dia, o computador cósmico da mente Divina, que ajusta a fórmula da senda segundo os padrões individuais de viver, de existir e de agir no palco da vida. Saiba que para toda ação há uma reação

As manifestações básicas de Kuan Shi Yin

correspondente no cosmo, um ajuste para o aumento o decréscimo da Luz em manifestação neste momento presente, que é o resultado do livre-arbítrio. Vosso plano divino é ajustado agora de acordo com as escolhas que fazeis no dia a dia, e ajustes são feitos no padrão de evolução de sua alma, para o equilíbrio dos ciclos futuros.

Assinala-nos esta Pérola que, para uma identidade ser preservada devem ser feitas escolhas diárias para acelerar o plano divino e, assim, tirar proveito máximo da vida neste exato momento, para fazer o melhor do melhor.

Pode surgir a dúvida na mente por não saber qual caminho seguir, não saber fazer as escolhas, embora sejam feitas como achamos ou acreditamos ser o certo.

Este é o momento em que se enfrenta o carma de todas as eras passadas, por falhar em fazer as escolhas corretas. Por isso, o momento de indecisão, intensificados pela decisão errada tomada, cria manchas no fluxo da Mãe, acarretando consequências no alicerce, a base da construção solida, que é o Chacra da Base.

Assinala-se que há um caminho, um plano para cada um, para todo filho da luz, para todo aquele que cumpre a lei, existindo um caminho divino, porém, existe sempre a escolha, a alternativa humana.

Tomai a direção Divina. Segui o fluxo em sua trajetória. Isto é uma alquimia sagrada que estará em ação em vós, que começa no núcleo do fogo branco do ser (ou seja, na essência da alma) no centro de vossa chama no coração e atua hora após hora, dia após dia, de dentro para fora.

Enquanto com confiança aguardeis a manifestação da alquimia sagrada em vosso ser, buscai a purificação dos veículos da consciência disponibilizados para a evolução de vossa alma.

Podeis, se assim desejar, realizar o mantra e plantar sementes em vossa consciência cósmica nos níveis consciente e subconsciente.

O que te falta? O que te sucede? Por que não se manifesta em tua vida?

Por que não decides e tens dúvida? Bem, tudo é quando tomas a decisão em tua vida e quando se conscientiza que tudo já é.

151

Oráculo Pérolas Kuan Yin

A escolha é sua. Escolhei, mas façais a escolha certa, pois disto depende vosso futuro. E então, dependendo da perfeição de vosso pensamento e da sua real motivação, até mesmo o tempo que dedicar para recitá-lo pode purificar o carma passado (e negativo, criado por ofensas, pecados, erros, energia mal usada, ou outro ato qualquer neste sentido, que permanece como dívida pela vida, pelo presente ou futuro).

Quando fordes capazes de transcender o Eu, conhecereis grande fortalecimento para vós mesmos e para os outros (aqueles) que tem de fato um cálice suficientemente forte para receber a luz. Esforçai-vos. Subi a montanha. Movei-vos com as hierarquias de luz.

Assim, podemos decretar e realizar o mantra para nossa conexão com Kuan Yin Presente:

Bem Amada Kuan Shi Yin, Senhora da Compaixão, da Misericórdia, da Piedade Divina. Divina intercessora, Onisciente e Onipresente, Eu (nome de batismo) em Nome da Minha Poderosa Presença EU SOU e da minha Santa Bodhisattva Búdica pessoal, recebo-a em meu coração e ofereço este mantra para que tu vertas sobre mim a Tua Pérola do Presente, para que possa compreender a origem das manifestações e ocorrências em minha vida atual, para que eu faça as escolhas corretas e ajuste minhas ações para o melhor neste momento desta encarnação, para transcender os erros e aperfeiçoar meus pensamentos e sentimentos. Auxilie-me a perdoar infinitamente a quem ofendi e quem me ofendeu de alguma forma. Peço ainda que todas as demais qualidades divinas sejam aperfeiçoadas na minha vida, cumprindo meu plano divino. Receba e envie milhares de raios de Luz a todas as almas irmãs que necessitem da Vossa Assistência e Compaixão, Divina Mãe, manifestando a perfeição em todos, fazendo fluir ainda uma corrente de Chama Lavanda como um caudal de Luz sobre nós e todos os filhos e filhas de Deus, segundo a Santa Vontade de Buda. Assim Seja.

Mantra completo: *Wo Xiang Liwù Guan In Kou Tou*
Pronúncia: *Wha Chiang Liwù Guān Eñ Koe Toe*
Mantra resumido: *Na-Mo Liwù Guan In*
Pronúncia: *Nah-Mo Liwù Guān Eñ*
Significado: Saudação ao Sagrado nome de Kuan Yin – Presente.

Também poderá ser utilizado o mantra que abençoa nossos antepassados até em sete gerações. São muitos benefícios que, por mais que se deem explicações, estas nunca teriam fim, bastando saber apenas deste efeito.
Mantra resumido: *Om Mani Padme Hum*[53] (de 33 a 108 ou 1000 vezes, leva 20 m)
Pronúncia: *Om Mah-Nee Pud-May Hoom*
Significado: Salve a Joia do Lótus.

---

53. Om Mani Padme Hum, também significa "da lama nasce o Lotus" – (Ver: *No Coração de Kuan Yin: onde nasce a compaixão*, de Márcos Latàre e Valdiviáh Lâtare. Editora Alfabeto, 4ª edição, 2021.

PÉROLA 36

Kuan Yin – Futuro

Nome em chinês: Wèilai Guān In

Pronúncia: Weilai Guān Eñ

Significado: manifestação do futuro. Kuan Yin que traz a esperança e os frutos. As bênçãos de Luz.

Palavras-chave: esperança, semeadura, liberação, frutos, colheita e fé.

Esta Pérola indica que na Esperança do amanhã reside a visão do que se espera, objetivando fazer a unificação do passado e do presente para a construção do alicerce do futuro. Oferece uma solução ou possível resultado.

Nesta representação vemos o verter das Águas purificadoras que fazem em suas ondas, aquele vai e vem da inconstância, porém trazendo junto os balsamos curadores, que vão atuar dependendo dos movimentos que dermos a nossa vida.

As manifestações básicas de Kuan Shi Yin

Com o salgueiro, Ela esparge as bênçãos, iluminando os quadrantes do reino da matéria, nas quatro direções sagradas.

Esta Pérola diz para liberar o medo, todas as tensões e todos os julgamentos acerca de tudo o que te rodeia. Liberar-se das limitações mentais de todos os padrões de pensamentos que tens gravado em tua inconsciência, pois podem ou não ocorrer. Este conceito pode parecer estranho e incongruente, mas tem a ver com o passado próximo ou remoto, assim como o teu presente, que agora é passado, a cada segundo que passa.

Diz mais, que o carma se tornou uma mistura de bom e ruim, verdade e erro, alegria e tristeza, esperança e desespero. Há um estado relativo de perfeição e imperfeição que se manifesta em toda a escala psíquica de extravagância, de restrição e de manifestação psíquica, pois psíquico vem somente de uma palavra relacionada à psique, a alma, e significa, na realidade, o registro da vida em manifestação. Onde quer que estejais, carregais uma mistura ou combinação de todos os registros psíquicos de suas encarnações no Planeta. Tudo precisa ser trabalho, transmutado, pois passado, presente e futuro tem uma ligação muito grande, como se fossem uma unidade de tempo única.

Assim, que do coração de Deus possa ser precipitado como resposta do seu amor à humanidade a taça de chama violeta, o cálice do vinho novo da regeneração espiritual, a necessidade primordial de cada um, consumindo vossos erros.

Desta forma, o véu dos registros se manifesta para possibilitar que a membrana fina ou os densos véus destes registros antigos, que circundam vossa corrente de vida, possam ser diluídos e purificados até que a Luz de Kuan Yin, que se origina na chama de seu coração de compaixão, possa brilhar de forma natural.

Pois tudo que o homem semear no passado, este ceifará tanto quanto o que semear no teu presente, no aqui e agora, que se projetará no teu futuro.

Assim, podemos decretar e realizar o mantra para nossa conexão com Kuan Yin Presente:

155

Oráculo Pérolas Kuan Yin

Bem Amada Kuan Shi Yin, Senhora da Compaixão, da Misericórdia, da Piedade Divina. Divina intercessora, Onisciente e Onipresente, Eu (nome de batismo) em Nome da Minha Poderosa Presença EU SOU e da minha Santa Bodhisattva Búdica pessoal, recebo-a em meu coração e ofereço este mantra para que tu vertas sobre mim a Tua Pérola do Futuro, para que eu aprenda a unificar o passado e o presente e o alicerce do futuro, assim como liberar o medo, todas as tensões e todos os julgamentos acerca de tudo o que me rodeia, transmutando e apagando os registros nefastos que possa ter causado a qualquer ser senciente. Peço ainda, que todas as demais qualidades divinas sejam aperfeiçoadas na minha vida, cumprindo meu plano divino. Receba e envie milhares de raios de Luz a todas as almas irmãs que necessitem da Vossa Assistência e Compaixão, Divina Mãe, manifestando a perfeição em todos e fazendo fluir ainda uma corrente de Chama Lavanda como um caudal de Luz sobre nós e todos os filhos e filhas de Deus, segundo a Santa Vontade de Buda. Assim Seja.

Mantra completo: *Wo Xiang Wèilai Guãn In Kou Tou*
Pronúncia: *Wha Chiang Wéilai Guãn Eñ Koe Toe*
Mantra resumido: *Na-Mo Wèilai Guãn In*
Pronúncia: *Nah-Mo Weilai Guãn Eñ*
Significado: Saudação ao Sagrado nome de Kuan Yin – Futuro.

Pode ser utilizado também:

Mantra resumido: *Na-Mo Ch'ien Shou Ch'ien Yen Wu Ai Ta Pei Kuan Shih Yin P'u-Sa*
Pronúncia: *Nah-Mo Chee En Show Chee En Yen Woo Eye Dah Bay Gwan She(r) Een Poo-Sah*
Significado: Homenagem ao Sagrado Nome de Kuan Yin dos 1000 braços, 1000 olhos (grande piedosa, grande misericordiosa, que salva dos sofrimentos, salva da calamidade, gloriosa, Bodhisattva Kuan Yin eficaz).
Significado: Homenagem ao Sagrado Nome de Kuan Yin dos mil braços, mil olhos, onipresente dinamicamente, Grande Piedosa, Kuan Shi Yin Bodhisattva.

Aqui terminam as Pérolas que traduzem os aspectos mais relevantes das principais manifestações de Kuan Yin, incluindo estas três últimas. As litografias e os conteúdos das expressões respondem às indagações na medida em que forem sendo apresentadas, tendo a amada Bodhisattva como a orientadora espiritual nos planos da consciência humana, que se traduzem sobremaneira na voz do coração humano unido ao seu coração, numa corrente única de transmissão da Compaixão Infinita.

O processo da leitura do oráculo

O *Oráculo da Kuan Yin* traz um método bem simples que envolve a expressão e o contexto de cada uma das 36 Pérolas que o compõe.

No decorrer da leitura, a ligação entre o consultor e Kuan Yin vai se estabelecendo passo a passo, desenvolvendo cristalinamente a abertura dos sentidos para a interpretação específica, direta e profunda se processar.

O processo de leitura de Kuan Yin é muito diferente de outras práticas oraculares, porque envolve, de certa forma, aspectos do processo reencarnatório e o próprio carma.

A raiz dos obstáculos, dos conflitos, das dores, dos impedimentos, tudo isso têm origem remota, as respostas obtidas aqui podem, mas não necessariamente, indicar a fonte desses problemas, o que ocorrerá caso haja a permissão e caso o momento de se descortinar este aspecto seja ideal.

Ao finalizar a leitura estarão disponíveis ao consulente os mantras que, a seu critério, poderão ser realizados pelo período que for necessário, repetidamente, por 33 vezes no mínimo, podendo, no entanto, ser feito por 108 vezes ou até 1000 vezes, auxiliando a manifestação daquilo que for buscado ou para realizar a transformação necessária em sua vida, com objetivo de conseguir obter o que for melhor para si neste momento ou para o bem comum. Invocando seu sagrado nome, que pode ser feito diversas vezes, inúmeros milagres podem ser alcançados com estes mantras, que devem ser entoados em voz audível e com harmonia ou simplesmente mentalizados.

À medida que for realizando os mantras, o consulente pode ser orientado a observar que o poder por eles auferidos se faz ressoar de dentro para fora de sua aura, sugerindo, assim, seu uso como instrumento sonoro que amplifica seu poder para a sua vida e para o Planeta. Na mesma proporção que se dá se recebe.

Importante que, de alguma forma, ainda haverá um despertar do ser humano pelo toque sutil das energias sublimes de Kuan Yin, o que, de algum modo, é o presente maior que podemos receber.

Purificação do ambiente e do consulente

Considerando as energias espirituais e físicas envolvidas na leitura, antes do início de cada consulta, deve-se realizar um pequeno ritual de purificação, o qual pode ser feito com a utilização de incensos ou de um talismã taoísta.

Este processo é muito particular, não só para que haja uma purificação para a consulta (pode-se recitar mantras de purificação ou mesmo fazer invocações a Kuan Yin), mas para o bem de todos. Após a liberação de algumas eventuais energias impuras que trazem obstáculos, as respostas que virão do intermédio do oráculo serão auspiciosas.

Uma vez que você tenha realizado este pequeno ritual de purificação, o consulente pode ofertar um incenso no altar, a fim de preparar-se para fazer a sua solicitação. Assim que o incenso começar a queimar, vocês poderão seguir com a leitura.

O processo da leitura do oráculo

Momentos ideais para a consulta

O *Oráculo de Kuan Yin* pode ser consultado a qualquer momento que for desejado e necessário, entretanto, o melhor período para que as leituras sejam feitas é nos horários em que a energia Yang está aumentada, ou seja, das 23 h até 1 h ou das 11 h até às 13 h, não sendo recomendada a consulta no período da tarde ou da noite, antes das 24 h, exceto em caso relevante ou de urgência.

De fato, este oráculo pode ser consultado todos os dias, porém devemos levar em conta aspectos essenciais da tradição que oferece maior influência nas consultas e auxilia nos casos do plano espiritual.

Existem algumas datas importantes, quando a leitura é substancialmente mais relevante. Temos, assim, o primeiro e décimo quinto dia do mês lunar, datas estas que os chineses estão já acostumados a realizar oferendas em templos. Nestes dias específicos há uma força muito positiva gerada pelas intenções conjuntas de todos os que lá estão e comparecem. O primeiro e o décimo quinto dia do mês lunar são muito bons para consulta, mesmo que no calendário chinês não sejam dias muito favoráveis, mas como lá se encontram tantas pessoas envolvidas nos ritos, todos aspetos nefastos são dispersados, por isso há uma maior importância e conveniência da leitura especial nestes dias.

Chamamos a atenção, também, para os segundo e décimo sexto dia do mês lunar, no qual tradicionalmente se fazem oferendas para Kuan Yin. Exatamente por serem dias específicos de oferendas a Ela, são também muito mais adequados, fortes, para fazer consultas ao oráculo.

Há também outros dias especiais, não só para fazer oferendas como também para realizar as consultas, que são o décimo nono dia do segundo mês lunar em que se celebra a Iluminação de Kuan Yin; o décimo nono dia do nono mês lunar, em que se festeja o aceite e a Realização de votos de Kuan Yin e o décimo primeiro dia do segundo mês, como aniversário desta Bodhisattva. Estes dias

Oráculo Pérolas Kuan Yin

são muitíssimos especiais e neles é extremamente interessante e conveniente consultar o oráculo, mesmo que seja somente pelo consultor (autoleitura).

Dê 15 de julho a 7 de agosto temos o festival budista chinês de Kuan Yin/Kannon/Tara, Deusa Suprema da Natureza e Buda Perfeito de muitas emanações, que celebra Sua iluminação e Seu Bodhisattva e promete ajudar todos os seres sencientes (sexto mês chinês, de 12 a 19 dias).

Existem diversos outros dias significativos, como, por exemplo, o dia em que se celebra o aniversário do Buda Maitreya; a data em que é celebrada a realização por devotos e o Paranirvana do Buda Sakyamuni, que é o oitavo e o décimo quinto dia do segundo mês lunar. Também temos o oitavo dia do quarto mês lunar no qual se celebra o aniversário deste mesmo Buda; igualmente o dia em que se celebra a iluminação desta Buda, ou seja, o décimo sétimo dia do décimo primeiro mês lunar, e a data em que se celebra o nascimento do Bodhisattva Mahastamaprapta (chamado Dàshizì Púsà).

Consultar o oráculo nestas datas específicas e especiais fortalece a consulta, entretanto, enquanto elas não chegam, havendo necessidade, a consulta pode ser feita.

Sabemos, como todo oraculista o sabe, que existem dias determinados em que as energias não estão positivas para a realização de qualquer trabalho que envolva aconselhamento espiritual ou, neste caso, orientação oracular, considerando a influência que existe, ainda, dos astros celestes.

Resta deixar assinalado que, a Divina Senhora da Compaixão e da Misericórdia Divina, Kuan Yin, estará presente mesmo que não sejam aquelas, datas determinadas como especiais; ela jamais deixa de ouvir os seres sencientes. Toda vez que for realizar a sua consulta oracular tenha a certeza de que ela estará sorrindo à espera, pronta para oferecer seu auxílio.

Procedimentos preparatórios

Para a consulta e a leitura

O oraculista necessitará de uma toalha branca ou lilás e um pano quadrado ou redondo (dependendo do tipo de sua mesa) nas cores violeta ou lilás (se a toalha for branca), que ficará ao centro da mesa onde as Pérolas serão colocadas, e uma vela na cor lilás ou lavanda. Pode ser usado incenso de lavanda, bem suave.

Preparação e invocação a Kuan Yin

Estas Pérolas são ferramentas especiais de Luz que se destinam a auxiliar a humanidade, podendo absorver a virtude de se sintonizar com a pessoa (oraculista) que as maneja e responder de forma muito eficaz à medida que esta sintonia de torne acentuada. Tudo vai depender, como sabemos, do momento em que a leitura será realizada, ou seja, do momento em que a consagração do seu oráculo ocorrer, pois a partir daí terá início o trabalho do servir.

Caso não consiga realizar a consulta naquelas datas especiais que citamos anteriormente, dê preferência ao terceiro dia da Lua crescente.

Preparação para as lâminas (pérolas) e consagração do oráculo

Em um ambiente particular, fechado, sem interrupções, com luz suave e já com a mesa forrada com a toalha branca ou lilás e ao centro o pano violeta, coloque-se de modo a ficar orientado de frente para o Leste (onde nasce o Sol). Antes de iniciar faça uma assepsia nas mãos e no rosto (por 3 vezes seguidas), como simbolismo de purificação e acenda o incenso e a vela.

Primeiro Passo

Espalhe as Pérolas sobre a mesa, com as figuras voltadas para cima (se a mesa for redonda, coloque-as em círculos dentro do pano central). Coloque as Pérolas a partir da primeira, seguindo até a última, em ordem. Em seguida, passe suas mãos sobre elas, sem tocá-las, apenas para energizá-las e estabelecer a ligação, abençoando-as mentalmente, pedindo que este Sagrado *Oráculo Pérolas Kuan Yin*, seja impregnado com as Luzes de sua Compaixão e da Misericórdia Infinita.

Faça um mantra para Kuan Yin quando estiver passando as mãos sobre as Pérolas, tal como *Na-Mo Kuan Shi Yin Pu' Sa*[54], por 36 vezes. Agora, pegue uma a uma as Pérolas, a começar pela de número 1. Seguindo na ordem crescente, coloque as demais debaixo desta. Coloque as Pérolas sobre a mão esquerda e acomode a sua mão direita sobre ela, de modo que os cinco dedos se toquem levemente (unindo as cinco forças ou os elementos).

Para finalizar e consagrar o seu oráculo invoque cada Kuan Yin, pronunciando em voz baixa o número da sua manifestação. Veja o exemplo a seguir:

---

54. Homenagem ao Sagrado Nome da Bodhisattva Kuan Yin.

Procedimentos preparatórios

Invocação da Pérola 1

Yang Liu Kuan Yin, a que tem um ramo de salgueiro (árvore chorona) com gotas de orvalho doce, como símbolo de seu poder de cura. Eu, (diga seu nome de batismo) neste momento, neste dia, nesta hora, Invoco o Poder Divino interpretativo deste Oráculo, para que a partir de agora se manifeste e, doravante, todas as ocasiões que invocá-lo. Para esta finalidade e destinação, Eu (diga seu nome de batismo) o Invoco e autorizo que eu seja instrumento de sua atuação para o bem comum e para o bem maior, bem como a intuir-me no que representas em todas as vezes que consultá-lo.

Finda esta invocação, coloque a Pérola à sua direita com a figura virada para baixo. Faça este procedimento para todas as 36 lâminas.

Segundo Passo

Terminado este pequeno ritual, pegue as Pérolas e as embaralhe. Após concluir, coloque-as sobre a mão esquerda, com as figuras para baixo, e a mão direita sobre as mesmas, do mesmo modo que anterior, tocando as pontas dos cinco dedos.

Faça a Invocação Geral

Eu, (diga seu nome de batismo), em nome da Minha Poderosa Presença EU SOU e do meu Santo Ser Búdico Pessoal, Em Nome de Deus Pai/Mãe Criadores, peço humildemente permissão à Amada Senhora da Compaixão Kuan Yin, para que estas Pérolas que externam as suas Divinas Manifestações de Luz se tornem Sagradas e que sejam de agora em diante a sua expressão e manifestem o Sagrado Oráculo Pérolas Kuan Yin sempre que Eu (diga seu nome de batismo) invocá-lo. Pelo Poder do Eterno Criador, do Bem maior que dele emana em mim, dou neste exato momento a este Oráculo o mais perfeito poder de expressão de Vida, Luz, Sabedoria, Compaixão, Misericórdia e Piedade Divina, a fim de que Ele se torne doravante um indicador de Auxílio, Luz e Inspiração da Tua Manifestação de Luz, Ó, Kuan Yin, e de tudo quanto for Divino, precisamente nos momentos em que for preciso e, principalmente, no trabalho de desenvolvimento, aperfeiçoamento e evolução espiritual a que me dedico. Assim Seja. Amém. Amém. Amém. Amém.

Visualize agora, por alguns momentos, a Luz Lavanda ou Lilás envolvendo suas mãos. A Luz do 9º Raio Divino[55].

Terceiro Passo

Após este processo, embaralhe as Pérolas pela segunda vez e coloque sobre a mão esquerda, como a descrição do passo anterior, com as figuras para cima. Repita a Invocação Geral e, por fim, visualize novamente a Luz Lavanda ou Lilás envolvendo suas mãos.

Quarto Passo

Da mesma forma que a anterior, embaralhe as Pérolas pela terceira vez, repetindo todo processo como os anteriores. Desta feita, coloque as Pérolas com as figuras para baixo e visualize novamente a mesma Luz.

Finda a visualização da Luz, pegue o pano violeta ou lilás, conforme o tenha colocado sobre a mesa em uma destas cores, e coloque à sua frente. Coloque o oráculo sobre o centro deste pano, estenda suas mãos abertas sobre ele e afirme em agradecimento:

Pelo Poder Divino ora aqui manifestado, pelo mais íntimo desejo de meu coração de Amor Incondicional e com a permissão da Divina Senhora da Compaixão Kuan Yin, de todo o Espírito da Grande Fraternidade Branca e, sobretudo, do Divino Pai /Mãe Criadores, eu (diga seu nome de batismo) ofereço minha eterna gratidão por este momento. Está feito e consumado. Amém. Amém. Amém. Amém.

Envolva agora o oráculo no pano ou na bolsa que escolheu e guarde sempre em local seguro, longe da vista de terceiros, por nove dias. Após isso, o oráculo estará pronto para seu uso.

---

55. Consultar: *Os 12 Raios Cósmicos e Seu Triângulo de Missão*, de Márcos Latàre e Valdiviáh Lâtare. Editora Alfabeto, 2ª edição, 2023.

Procedimentos preparatórios

Atenção: ninguém poderá tocar seu oráculo sem sua permissão expressa. O oráculo poderá ser consultado sempre que necessitar para si ou para outrem, porém, nenhum outro oraculista poderá usá-lo além de você. Ele é um presente maravilhoso que Kuan Yin lhe ofereceu, porque ouvistes seu chamado suave. É uma Lei Cósmica, Divina e Imutável. Agora ele é o seu precioso talismã. Use-o com Sabedoria.

Este processo deverá ser realizado na primeira vez que abrir o oráculo, podendo ou não ser repetido se for desejado, quando quiser.

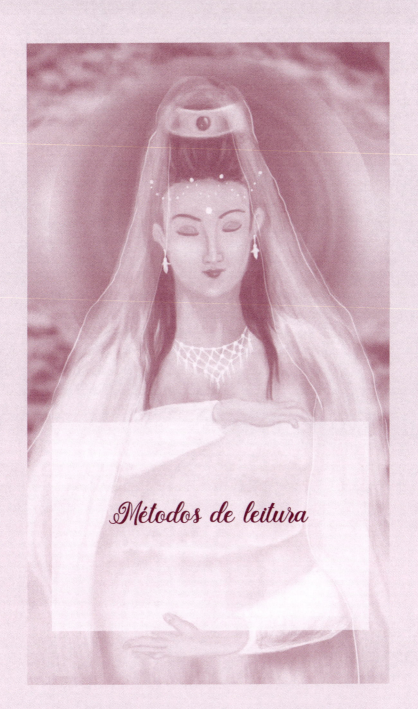

Métodos de leitura

Introdução às leituras

No universo deste mundo mágico, onde existem determinados "segredos", revelações poderão ser apresentadas, sendo que existem muitas formas de proceder à leitura, segundo a necessidade e o objetivo de cada um. Vamos abordar alguns métodos como sugestão, partindo da premissa de que cada um que lê o *Oráculo Pérolas Kuan Yin*, terá aquela forma que mais lhe agradar, podendo, de acordo com cada consulente, alternar a forma e o método para atender à busca e obtenção das respostas necessárias.

Este tipo de oráculo vai permitir que a leitura se processe de forma independente, ou seja, ele constituído de 36 Pérolas, sendo que as 33 Pérolas básicas se destinarão a responder diretamente às questões e indagações que são formuladas e as 3 últimas são especificamente para responder as dúvidas que persistirem, podendo também responder a assuntos referentes a situações do passado, do presente ou do futuro, que são semelhantes à respostas que viriam da esquerda, do centro ou da direita do grupo de cartas de um outro tipo de oráculo (ou Tarô).

O uso das Pérolas da Bem Amada Mestra Kuan Yin, é uma forma de buscar orientações, observar as nuvens que passam sobre nossas cabeças e entender como pode sair de determinadas situações.

Estas Pérolas também são símbolos das manifestações da Senhora da Compaixão, que nos são apresentadas para facilitar nossa conexão com a nossa mente psíquica. São chaves que nos permitem abrir a nossa consciência psíquica superior.

Método das Três Pérolas

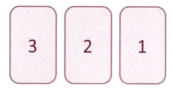

Todas as perguntas podem ser respondidas por intermédio de uma tiragem simples de três Pérolas, nas quais as condições de responder e pesquisar os dados que influenciam uma determinada questão colocada será plena.

Se a pergunta for a respeito de assuntos que envolvam o passado, a leitura será feita seguindo a seguinte ordem da direita para a esquerda:

1. Vai se referir ao passado.
2. Vai se referir ao presente (situação atual).
3. Vai se referir ao futuro (melhor resultado a ser obtido, atitude a ser tomada).

Se a pergunta for a respeito de um assunto que envolva o presente ou o futuro, a leitura será na seguinte ordem, da esquerda para a direita:

1. Vai se referir a atual situação.
2. Vai se referir ao obstáculo, dificuldade do consulente para atingir os objetivos pretendidos.
3. Vai se referir ao melhor resultado ou desfecho (a melhor situação que o consulente vai poder obter nesta questão específica).

Obstáculo: (2ª lâmina) – é o que falta, o que impede, deve ser lida ao inverso, ou seja: para pérolas boas – obstáculos ruins; para Pérolas ruins – resultados bons.

Método das Cinco Pérolas em Cruz

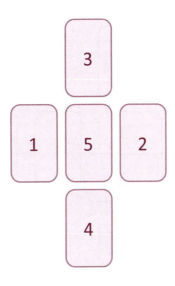

1. Indica os prós (fatores que beneficiam a questão colocada).
2. Indica os contras (fatores que prejudicam a questão colocada).
3. Indica a solução justa da questão.
4. Indica o desfecho, melhor resultado.
5. Representa a confirmação do desfecho.

Método das Nove Pérolas

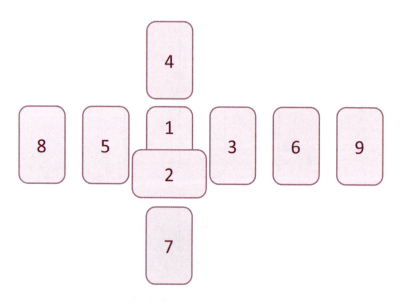

1. Consulente (quem é ele).
2. Obstáculo (é sempre o NÃO. São os motivos que o impedem de ser feliz).
3. Íntimo (como o consulente se sente interiormente. O ânimo que possui).
4. O plano Astral (as ajudas ou dificuldades vindas do plano astral).
5. O presente.
6. O futuro.
7. O melhor desfecho.
8. Influências passadas (que atuam sobre a questão colocada).
9. Influências futuras (que o atual comportamento poderá gerar).

Método Leitura do Lótus

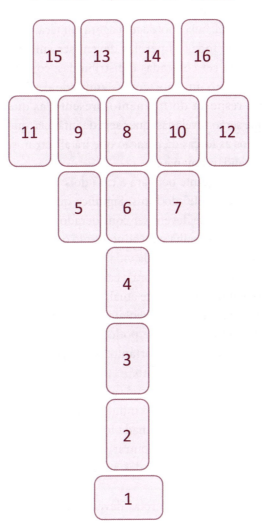

    Observe que a Lótus tem as raízes na lama, mas floresce cegamente. Suas folhas podem flutuar na água, significando entre os mundos existentes de Luz e de trevas, úmido e seco, alimentando desta forma aquele botão que logo se abrirá, cuja flagrância se espalhará ao redor.

Desta forma, considerando uma espécie de iniciação neste despertar da abertura de seus olhos, segue-se o método da forma como acima está, cuja abordagem agora começa.

De início, todas as pérolas devem ser embaralhadas. Em seguida devem ser colocadas e distribuídas, começando com a Pérola de número um, que tem o significado da "Raiz do Lótus", que terá a resposta do momento presente, as questões mais básicas que serão reveladas, quer seja da infância, quer não. Aqui encontramos as forças da geração que irá alicerçar, ser a base da existência saudável ou não.

A Pérola seguinte ocupará a casa dois, que simbolicamente representará o "caule" do lótus. Significa que outros elementos, relativos ao presente devem ser considerados. Encontramos aqui a nutrição que se espalha para atingir todo o corpo, a distribuição das riquezas de sustentação da vida.

A Terceira Pérola ocupará a casa três, que tem o significado de representar o seu ambiente atual, tal como local de trabalho, a casa ou mesmo o ambiente mental interno. Como está sua mente e o seu pensamento. Não se pode esquecer que onde está sua mente estará seu coração. Portanto, pensamentos errados geram destruição, caos e perecimento.

A Quarta Pérola, a que ocupa a posição última do "caule", vem mostrar quando se iniciou tais influências, situação esta que, neste momento, apresenta-se caso nada for providenciado para mudar o contexto. Aqui vamos encontrar o momento oportuno para a reflexão, a tomada decisória das ações a serem empreendidas a partir de então.

Na sequência, três Pérolas devem ser agora espalhadas na parte superior deste "caule", colocando a Primeira Pérola ao centro e seguindo-se na posição indicada no gráfico. Aqui encontramos a simbologia da formação da base do Lótus, o que significa que, costumeiramente, vai representar forças antagônicas, opostas (que não necessariamente sejam oponentes ou rivais) e que estão agindo em um futuro próximo. Vemos a Pérola central como a

Introdução às leituras

"Pérola Chave", que representa de forma direta o coração do futuro próximo que as Pérolas do lado modificam. Encontraremos o momento da dúvida, do questionamento humano, do erro e da incerteza sobre que ação tomar.

Prosseguindo para a próxima fileira, encontramos cinco Pérolas que estará expandindo o futuro próximo, só que detalhadamente. Coloque as Pérolas como indicado no gráfico, começando pela Pérola do meio. Esta é a Pérola mais importante desta sequência, sendo que as Pérolas ao lado modificam sua influência e, assim, umas às outras. Observe a ação do chamado Caminho do Meio. Quando se aproximar da Luz ou se abrir a visão, o que devemos fazer?

Finalmente, temos a fileira final, composta de quatro Pérolas, representando, desta feita, duas possíveis soluções para sua interpretação ou progressão. Leia o par da esquerda como um resultado e o par à direita como outro. Se for preciso, encontre o equilíbrio de ambas.

Tenha em mente que, depois de estarem todas as pérolas posicionadas, poderá ocorrer de ter necessidade de mais explicações sobre determinada Pérola ou sequência específica. Quando isso suceder, você poderá, como forma paliativa, acrescentar um ou mais "botões de Lótus" à leitura. Assim, embaralhe as Pérolas restantes e coloque três delas perto da área que necessita de complementação nas informações.

O cuidado a ser adotado é que não se exceda na interpretação, mesmo porque as respostas ou insights já podem estar nas Pérolas selecionadas anteriormente, o que significa que talvez seja preciso meditar ou refletir sobre possíveis significados após findar a leitura.

Cada oraculista tem sua forma de atuar e explicar o conteúdo da leitura e sua interpretação, portanto, não é uma regra rígida este método aqui apresentado.

Método das Três Colunas

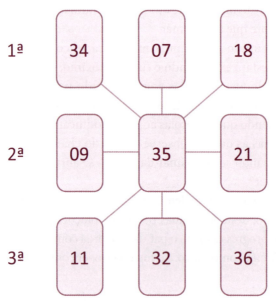

3 Colunas: Passado, Presente e Futuro

Estas Pérolas que estão numeradas acima representam uma leitura exemplificativa.

Na 1ª coluna: referente a Geração Passado, temos a Pérola 34, 07 e 18 que significa Kuan Yin do passado, que instrui sobre as lembranças de memórias antigas, as sementes cármicas. Aconselha a obter as bênçãos curativas pelo Perdão e a Misericórdia, trazendo como marco inicial um retorno ao domínio dos pensamentos para a Vitória.

Na 2ª coluna: referente a Geração Presente, temos as Pérolas 09, 35 e 21. Surgi aqui a Kuan Yin do Presente, significando que ela traz o remédio, o alívio das dores por meio da Medicina espiritual em todos os níveis. Ela vem nos ensinar, em todas as circunstâncias da vida desafiadora, a termos destemor, generosidade e audácia, e também a usarmos o livre-arbítrio em nossas escolhas.

Introdução às leituras

Na 3ª coluna: referente a Geração Futuro, temos as Pérolas 11, 32 e 36. A Virtuosa Kuan Yin anuncia com esta Pérola o merecimento da provisão infinita com as qualidades e virtudes divinas. Ela nos auxilia na proteção de nosso coração, na pureza, no domínio dos chacras, no desabrochar da luz interior e na manifestação de um futuro com esperança na colheita dos frutos e bênçãos de Luz.

Orientação para o consulente: recitar os mantras de cada uma das Pérolas que surgiram.

Método da Árvore da Vida e os 32 Caminhos

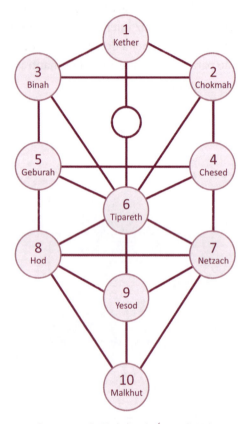

Representação Simbolica da Árvore da Vida

1. KETHER: representa a onipotência de Deus, a Vontade Divina Absoluta, a Soberania e a Autoridade de Deus sobre todas as forças da Criação. Esta é a primeira e a mais elevada das Sephiroth e está além de qualquer compreensão. De tão inexprimível, às vezes nem é incluída entre as dez sephiroth. É a mais próxima da Fonte Divina.

Introdução às leituras

2. CHOKMAH: é a sabedoria, o pensamento puro de Deus, utilizada para o funcionamento do Universo. O poder da Luz original; a força primordial usada para criar o Céu e a Terra; a inspiração inicial da qual o cosmo evoluiu. Chokmah é vista como a "planta" usada para a Criação do universo físico e espiritual, pois contém potencialmente todas as leis que vão reger a Criação e os axiomas que determinam como as leis funcionam.

3. BINAH: entendimento, compreensão, lógica. Com sua emanação é criado o sistema lógico pelo qual os axiomas que descrevemos em Chokmah são delineados e definidos. É através desta Sefirá que podemos começar a compreender estes axiomas, tanto da Criação quanto do nosso próprio ser.

4. CHESED: graça, amor e bondade que nos beneficiam, a grandeza do amor. Representa o dar incondicional, o altruísmo, o impulso incontrolável de expansão. É Deus dando-se às suas criaturas de forma irrestrita, abrindo todas as portas da Sua abundância. Deus usou este atributo do julgamento, do rigor.

5. GEBURAH: poder, justiça, julgamento severo, força para disciplinar a Criação. Representa a contração, a restrição e a criação de barreiras. A autolimitação foi indispensável para a criação do Cosmo. Esta Sefirá direciona a energia espiritual para atingir uma meta específica. É a força que permite o controle para podermos vencer tanto nossos inimigos internos quanto os externos.

6. TIPARETH: beleza, no sentido de harmonia. É a combinação da harmonia e da verdade, dando espaço para a compaixão. Esta Sefirá está associada com o poder de conciliar as inclinações conflitantes de Chesed e Geburah, para que haja compaixão. Na Cabala é designada como atributo de misericórdia. A alma do homem emana desta Sefirá pela união desta qualidade com Malkhut, o corpo.

Oráculo Pérolas Kuan Yin

7. NETZACH: vitória, eternidade, resistência. Esta Sefirá representa a imposição divina. É o domínio, a conquista ou a capacidade de vencer, o motivo primeiro da Criação a disposição para vencer o mal.

8. HOD: esplendor, empatia. Esta Sefirá permite que o poder e a energia repassados sejam apropriados e aceitáveis a quem os recebe. Hod é responsável pela criação dentro de uma relação de espaço deixado para o outro. A qualidade espiritual que salienta o atributo da humildade e do reconhecimento e a submissão que permite a existência do mal.

9. YESOD: fundação, alicerce. Representa a reciprocidade ideal numa relação. É o meio de comunicação, o veículo de transporte de uma condição para outra, o lugar do prazer espiritual e físico, o vínculo mais poderoso que pode existir entre dois indivíduos, assim como entre o homem e Deus, a aliança entre Deus e Israel.

10. MALKHUT: reinado. É a Shekiná, o aspecto imanente de Deus neste mundo. É o mundo revelado, onde o potencial latente é concretizado. É o poder que Deus nos deu para receber as dádivas Dele. Como símbolo do recebedor, esta Sefirá é caracterizada como aquela que não tem nada próprio. É um mero recipiente. Malkhut é o último elemento de uma corrente que se inicia com a Vontade Divina e encontra sua realização neste mundo. Aquele que recebe pode dar de volta, tornando-se, além de recebedor, o doador.

Observação: após embaralhar as Pérolas o consulente corta, toma do monte que ficou mais próximo ou à direita dele e distribui pela Árvore da Vida, começando pelo 1 e indo até o 10. Na sequência é só fazer a leitura.

1º Método: Abertura em leque com as 36 lâminas

Retire ou peça para o consulente que destaque 3 Pérolas e efetue a leitura na sequência da direita para a esquerda.

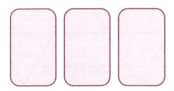

Sem perguntas, apenas 3 – 2 – 1 para que você conheça no oculto o consulente e o que o traz.

Com o leque – o consulente pode fazer perguntas e posicioná-las da mesma forma ou com 1 Pérola apenas.

Para a vida e os pensamentos

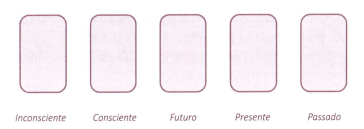

Inconsciente   Consciente   Futuro   Presente   Passado

Inconsciente: o que traz no subconsciente e não tem conhecimento da influência.
Consciente: seus planos, ideias e projetos atuais.
Futuro: o que irá influenciar o futuro.
Presente: como está o momento atual.
Passado: o que trouxe do passado.

2º Método: Estrela de David

Neste método, todas as Pérolas do triângulo voltado para cima indica positividade na pergunta e resposta SIM, êxito.

Todas as Pérolas no triângulo invertido, para baixo, indica as orientações para prestar mais atenção.

O centro traz a mensagem do eu interior do consulente.

3º Método: Pentáculo (estrela de 5 pontas)

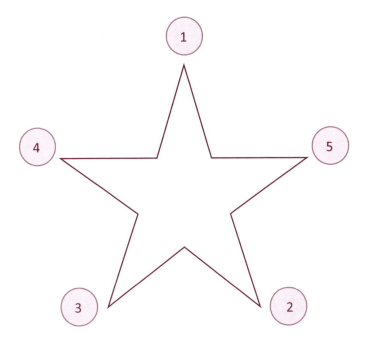

1. Emoções envolvidas no problema apresentado.
2. Representa o conflito, as amaras, as ilusões – que podem não serem conscientes. Obstáculos a enfrentar.
3. O cerne do problema, a base da existência, as forças que trabalham e que estão por detrás dele(a).
4. Simboliza os pensamentos sobre o assunto. No presente eles podem ajudar ou atrapalhar.
5. Resultado final da orientação.

Mensagem final de Kuan Yin

Eu Sou Kuan Yin na plenitude da flor flamejante da luz da Misericórdia. Estou convosco nesta hora e vim para que possais sentir a ação de minha vestimenta, que vem para esfregar, limpar e lavar a poeira da vossa vestimenta.

Preparai vossos corações com a chama da Misericórdia, transmutando toda a dureza de coração, do medo, do egoísmo e da preocupação que trazeis.

Eu Sou a ação do Fogo Sagrado em vós. Esta é a hora da Misericórdia na qual deveis encarnar em favor da vida, que começa com os Mestres Ascensos e o nosso plano divino. Eu Sou vossa professora vinda do Oriente. Estou ciente que milhares não beberão da taça da Misericórdia que carrego, porque não deixarão de lado as preocupações humanas e as inquietações deste mundo. Tenho fé de que nenhum de vós que chegastes até aqui, jamais estará nas massas que não se consideram dignas de estar na Presença de Deus.

Disponho da flor da minha chama como uma taça gigante de luz que circunda, envolve e sustenta todo o santuário do Graal. Quem tomar parte diariamente da flor flamejante da Misericórdia, que possa transferir para vós a verdadeira Misericórdia.

Sou, para vós, uma mentora do Espírito sempre pronta a transmitir o ensinamento subsequente das Pérolas multifacetadas neste Oráculo para vós.

Selo-vos, agora, no coração de Deus. Em nome do Pai, da Mãe Divina, do Filho e do Espírito Santo, eu vos envolvo na veste da Misericórdia. Avançai agora e envolvei muitos nesta minha veste.

Na Alegria de Vossos Corações, recebei-me agora. Pois caminharei convosco muitas vezes e por muitos caminhos até a Terra estar equilibrada e nos encontrarmos nos níveis mais elevados de consciência, tendo transcendido este nível, neste momento.

Eu Sou Kuan Shi Yin, na Luz da Compaixão e da Misericórdia Divina.

Gratidão, Amor, Paz e Luz.

Referências bibliográficas

ADLER, J. *Chinese religious traditions*. London: Pearson Education. 2002.

BEER, Robert. *The Encyclopedia of Tibetan Symbols and Motifs*. Boston: Shambhala, 1999.

BLOFELD, John. *Bodhisattva of Compassion: The Mystical Tradition of Kuan Yin*. Boston, Shambhala, 1988.

CAHILL, Suzane. *Transcendence and Divine Passion: The Queen Mother of the West im medieval China*. Stanford University Press, Stanford, 1993.

CHANG K.C. *Art, Myth and Ritual*, Cambridge MA: Harvard University Press, 1983.

CHUN Fang Yu. *Kuan Yin, The Chinese Transformation of Avalokiteshvara*. New York. Columbia University Press, 2001.

EICHENBAUM-KARETZKY, P. *Guanyin*. NY, Oxford University Press, 2004.

KARCHER, Stphen. *The Illustrated Encyclopedia of Divination*, NY: Harper Collins, 2001.

HURVITZ, Louis. *Lotus Blossom of the fine Dharma*, New York, 1976.

LATÀRE, Márcos e LÂTARE, Valdivíah. *No Coração de Kuan Yin, onde nasce a Compaixão*. São Paulo. Editora Alfabeto. 4ª edição, 2021.

_____. *Seu Raio Cósmico de Missão*. São Paulo. Ed. Alfabeto. 5ª edição, 2023.

_____. *O Poder dos Doze Raios Cosmicos*. São Paulo. Ed. Alfabeto. 2ª edição, 2023.

LEIGHTON, Taigen Daniel. *Faces of Compassion. Classic Bodhisattva Archetypes and their Modern Expression*. Ilford, UK. Wisdom Books, 2003.

PALMER, Martin. *Kuan Yin*. London. Thorsons Publishers, 1998.

PROPHET, Elizabeth Clare. *Kuan Yin's Cristal Rosary. Devotions to The Divine Mother of East and West*. Church Universal en Triumphant. USA. 1988.

REGULA, Detraci, Mistérios de Ísis, Madras Ed, 2002.

SMITH, RJ. Women and divination in traditional China: some reflections. Paper presented at trhe Engendering China: Women, Culture and the State Conference, Harvard University and Wellseley College, Cambridge, MA. 1992, February.

SMITH, RJ The Psychology of divination in cross cultural perspective. Paper presented at the ICRH Conference on "Ming and Fatum" – Keys concepts of Fate and Prediction in a Comparative Pewrpsective. 2010, July

WALEY, Arthur, Momkey, Harmondsworth: Penguin, 1961 (excerpts) 1977.

WATSON, Burton. The Lotus Sutra Translated New York. Columbia University Press, 1993.

YIN, Kuan. Pearls of Wisdom. Vol 45. number 15, *The Forgiveness of all life, Beloved Kuan Yin*. Summit of Lighthouse. 2002.

YIN, Kuan. Pearls of Wisdom. Beloved. Vol. 48. number 47, 2005.11.13, Summit Publications Inc. PO Box 5000, Corwins Springs. USA.

Outro livro dos mesmos autores

Outro livro dos mesmos autores

MÁRCOS LATÀRE E VALDIVIÁH LÂTARE

SEU RAIO CÓSMICO DE MISSÃO

ALFABETO